不動産投資が おもしろいくらい わかる本

7日でマスター

不動産コンサルタント　池田浩一

ソーテック社

ご利用前に必ずお読みください

本書に掲載した情報に基づいた結果に関しましては、著者および株式会社ソーテック社はいかなる場合においても責任は負わないものとします。

本書は執筆時点（2025年2月現在）の情報をもとに作成しています。掲載情報につきましては、ご利用時には変更されている場合もありますので、あらかじめご了承ください。以上の注意事項をご承諾いただいたうえで、本書をご利用願います。

※本文中で紹介している会社名は各社の商標登録または商標です。
　なお、本書では、©、®、TMマークは割愛しています。

不動産投資の勉強をはじめよう

都内某所・印刷会社で……

高雄くん、おはよう！
どうした？　何か浮かない顔して。

あっ直樹先輩、おはようございます。実は、無料の不動産投資セミナーに参加したんですけど、担当者に色々と物件を勧められて、怖くなって飛び出してきたんです。

それって、不動産業者主催の不動産投資セミナーだよね。お決まりのパターンだよ。セミナーとは名ばかりで、収益物件の売り込み営業だからね。

そうだったんですね。無料だからお得だと思ったんですが……

参加するなら、ちゃんと勉強できるセミナーに参加しないとね。あっそうだ！ 僕が不動産投資を学んだ先生を紹介してあげようか。

都内とあるカフェにて……

やあ！直樹くん、久しぶりだね。
不動産投資の方は上手くいってる？

池田先生、お陰様で、毎月少しずつですが、家賃収入を蓄えてます。

それは良かった。今日は紹介したい人がいるって聞いたけど。

池田先生、はじめまして。実は、直樹先輩のように不動産投資を始めたいのですが、上手くいかなくて困ってます。

そうなんだね。どんなふうに勉強してるの？
専門書とか、セミナーとか？

本は何冊も読んだのですが、体験談や啓発的な内容が多く知識が学べません。あと、**無料セミナー**にも参加したのですが、ひどい目に遭いました。

専門書やセミナーは内容を精査しないとね。**信頼できる先輩やパートナーに相談**しながら進めるのが理想的だね。

不動産投資を導く「はじめの一歩」はこの1冊とともに！

　高雄くんの場合、不動産投資に強い関心があり、専門書を何冊も読み、セミナーにも足を運んだようです。

　真面目な性格で勉強熱心、行動力もあるのですが、次のステップに上手く進めないようです。何が原因なのか考えてみましょう。

　不動産投資を始められる人と始められない人には、ある決定的な違いがあります。もちろん、高額取引となるため資金力や信用力は必要ですが、それ以外に大切なものがあります。

　それは、本人の成長に合わせて、次のステップに導いてくれる**良き指導者であり、助言者のような存在**です。

　実際、手当たり次第に専門書を読み漁り、膨大な費用をかけて、不動産投資セミナーにも繰り返し参加しているのに、最初の一件目を購入できない人がいます。むしろ、そのような人がほとんどかも知れません。

　そこでポイントになるのは、本人の熱意や意欲が空回りしないよう、次のステップへと後押ししてくれる人、「はじめの一歩」を踏み出させてくれる存在です。

　その「存在」となるのが、不動産投資の先輩であったり、信頼できるパートナーであったり、1冊のガイドブックであったりするわけです。

　高雄くんも、そしてあなたも、本書とともに「はじめの一歩」を踏み出せます。

～翌日～

都内某所
不動産投資
学校で

都内某所・不動産投資学校で……

みなさん、はじめまして！ これから7日間、講師を務める不動産コンサルタントの池田浩一です。よろしくお願いします。

よろしくお願いします！ 現在、都内の印刷会社で働きながら不動産投資を勉強してます。池田先生に学び、現在、区分マンション2室を所有してます。

こんにちは！ 後輩の高雄です。直樹先輩が不動産投資で大儲けしていると聞き、僕にもできると確信しました！ 7日間、よろしくお願いします！

おいおい、大儲けは言い過ぎだよ！
まだマンション2部屋だけだよ(笑)

こんにちは！ IT企業に勤務する麻弥です。アパート経営している父の影響で賃貸経営に興味を持ちました。結婚、出産、マイホームとか、最近、色々と真剣に考えてます。

恋に恋する麻弥さんの元同僚の貴子です(笑)。1年前に不動産業者に再就職しました。主にマイホームを担当していますが、収益物件も扱えるよう真剣に勉強しようと考えてます。

不動産投資の勉強をはじめよう

お客様に収益不動産を勧める人の立場で、色々と意見を聞かせてください。

十代から大工やっている太田です。父のアパートを相続することになったのですが、何から手をつければいいのかサッパリです。色々と勉強させてください。

太田さんは家づくりのプロですね。物件調査には必ず役立ちます。次は、賃貸経営のプロを目指しましょう！

不動産投資歴3年目になる荒井です。最初は夫に内緒で小さい戸建てを購入しました(笑)。現在は夫も協力的で、週末にはドライブがてら一緒に物件を見に行ってます。

7日間のカリキュラムでは、収益計算、物件評価法や調査方法、賃貸借契約や売買契約の重要ポイントなど、不動産投資や賃貸経営で必ず役立つ実践知識をたっぷり用意しました。
これからの7日間、一緒に楽しみましょう！

はじめに

　この度は、本書を手に取っていただきまして、ありがとうございます。

　この本を手にしてくれたあなたは、これから不動産投資を始めようと考えられている方、それとも、収益不動産を取り扱う不動産業者の方でしょうか。

　あるいは、不動産を相続して、ある日突然、賃貸経営を始めることになった新米大家さんかも知れませんね。

　本書は、今すぐ不動産投資にチャレンジしたい、将来のために不動産投資を学びたい、賃貸物件を相続することになったなど、「不動産投資を真剣に学びたい」と決心された方が「はじめの一歩」としてお読みいただける作品です。

　内容的には、不動産投資に関わる収益計算や利益を生み出す物件の見極め方、物件の評価法と調査方法、賃貸借契約や売買契約で必要となる専門知識や法律知識など「不動産投資＆賃貸経営で必要とされる実践知識」を絞り込み、7日間でマスターできるように解説しています。

7日間でマスターできる不動産投資の知識

❶ 不動産投資における2つの利益の上げ方と収益性を見極める6つの指標
❷ 区分投資、戸建て投資、一棟投資など自分に合った不動産投資の選び方
❸ 4つの価格と3つの評価法を用いた適正価格と購入価格の見極め方
❹ 物件調査（現地・法務局・役所）の手順と失敗しない収益物件の見分け方
❺ 入居者情報（個人・法人）の見極め方と賃貸借契約の重要ポイント
❻ 契約手続きの流れ、重要事項説明と売買契約の確認事項と注意点
❼ 管理形態別メリット＆デメリットと賃貸住宅管理業法の重要知識

　数ある投資の中でも、不動産は資産性や安定性が高く、運用次第では高収益を得ることも可能な有望な投資方法ですが、専門性が高い分野であるため、必要とされる知識も多岐にわたります。また、他の投資と比較し、投資額も高額です。

　全くの未経験者が、短期間で不動産投資や不動産売買のプロと同等の知識を習得し、高収入を得ることは困難ですが、実践で役立つ知識を着実に学び、焦らず1つひとつ経験を積み重ねることで、必ず理想的な投資スタイルを確立することができます。

　不動産投資は、一部の富裕層や豊富な経験を持つ専門家だけのものではありません。大切なのは、人の"住まい"や"暮らし"と真剣に向き合う姿勢です。

　本書を手に取り、実際に行動を起こされたあなたが、不動産投資を学ぶことの喜びや楽しさを感じて頂ければ幸いです。

池田浩一

CONTENTS

はじめに 8
CONTENTS 9

0日目

不動産投資の「はじめの一歩」

0-01	あなたにもできる！「不動産投資」 16
0-02	不動産投資の一番の魅力とは 20
0-03	不動産投資のメリット＆デメリット 24
0-04	不動産投資のリスクを学ぼう 30
	Column 「自分計画書」を作ってみよう！ 36

1日目

不動産投資とお金の基本

1-01	インカムゲインとキャピタルゲイン 38
1-02	表面利回りと実質利回り 41
1-03	不動産の「購入時」に必要となる費用 46
1-04	不動産の「運営時」に必要となる費用 51
1-05	不動産投資ではキャッシュフローが最重要！ 55
1-06	キャッシュフローを計算してみましょう 61
1-07	減価償却の盲点「デットクロスに気をつけろ！」 65

9

CONTENTS

1-08	不動産投資と融資の基礎知識（その1）..................................69
1-09	不動産投資と融資の基礎知識（その2）..................................72
1-10	不動産投資と出口戦略の考え方を学ぼう...............................78
	Column 「オーナーチェンジ物件」のメリット＆デメリット 82

必ずみつかる！自分に合った不動産投資

2-01	投資するなら「新築」それとも「中古」？.................................84
2-02	初心者＆副業なら区分マンション投資...................................90
2-03	区分ワンルームVS区分ファミリー徹底比較.........................93
2-04	少額出資＆高利回り狙いなら戸建て投資...............................98
2-05	空室リスクに強い一棟投資...103
	Column 「サブリース」（一括借り上げ）のメリット＆デメリット 106

不動産評価法と購入価格の見極め方

3-01	不動産評価の第一歩は土地価格の見極めから......................108
3-02	原価法と積算価格..115
3-03	取引事例比較法と比準価格..120
3-04	収益還元法と収益価格...125
3-05	不動産評価（タイプ別）を学ぼう...130
	Column 不動産証券化システム「REIT」の仕組み................134

10

4日目
失敗しない収益物件の見分け方

- 4-01 ココだけは押さえよう！ 物件調査の基礎知識 136
- 4-02 最重要！土地と道路の基礎知識 145
- 4-03 土地＆戸建て探しでここだけは見逃さない！ 151
- 4-04 不動産投資における違反建築物のリスク 157
- 4-05 違反建築物が不動産投資に与える影響 162
- 4-06 アパート＆マンションの違反建築を見極める 166
- 4-07 アパート＆マンションの共用施設はここをチェック！ 170
- 4-08 アパート＆マンションの雨仕舞はここをチェック！ 176
- 4-09 区分マンション「現地」で押さえる重要ポイント 180
- 4-10 区分マンションの「重要事項調査報告書」をチェックする 184
- 4-11 区分マンション「管理規約＆使用細則」で押さえる重要ポイント 189
  - Column 不動産投資と植栽管理 192

CONTENTS

5日目

入居者情報＆賃貸借契約の見極め方

- 5-01　借主の情報をつかみ取る 194
- 5-02　法人契約の注意点を学ぼう 201
- 5-03　賃貸借契約の重要ポイント（基本） 206
- 5-04　賃貸借契約の重要ポイント（応用） 213
- 5-05　負担区分の具体例を覚えよう 218
- 5-06　レントロールのチェックポイントを覚えよう！ 221
  - Column　"仲介手数料無料"の謎！　広告料（AD）はグレーゾーン!? 230

6日目

購入申込み＆売買契約の重要ポイント

- 6-01　いよいよ購入へ！買付証明書と売渡証明書 232
- 6-02　重要事項説明の重要ポイント（その1） 238
- 6-03　重要事項説明の重要ポイント（その2） 245
- 6-04　売買契約の重要ポイント 249
- 6-05　融資申し込み＆決済手続きの重要ポイント 255
  - Column　買主も必要？　媒介契約書 260

7日目

不動産投資＆賃貸経営の重要ポイント

- 7-01　成功の鍵はリフォーム業者選び 262
- 7-02　管理業務と管理形態の基本を学ぼう 266
- 7-03　管理形態別の特徴を学ぼう 272
- 7-04　上手な不動産業者の選び方 277
- 7-05　賃貸住宅管理業法の重要ポイントを学ぼう！ 282
  - Column　不要なオプションにご注意を！ 285

INDEX 286

登場人物

本書では、池田先生と6名の生徒で、7日間のカリキュラムを通して不動産投資について学んでいきます。

池田先生
業界歴35年のベテラン宅建士。不動産取引&不動産投資の難しい法律知識や専門用語を「楽しく」「詳しく」「解りやすく」解説する熱血先生。一緒に不動産投資の「はじめの一歩」を踏み出そう!

高雄くん
印刷会社に勤務。先輩の不動産投資での副収入を羨ましく眺める毎日。無料不動産セミナーに参加したが…。

直樹くん
高雄くんの先輩。池田先生に不動産投資を学び、区分マンション2室を所有。現在は一棟マンションの購入が目標。

麻弥さん
IT企業に勤務。アパート経営する父の勧めで賃貸経営の勉強を開始。結婚、出産、etcと将来設計を考え中。

貴子さん
麻弥さんの元同僚。出産後、1年前に不動産業者に再就職。麻弥さんと共に、不動産投資の勉強を開始。

太田さん
熟練大工。引退を考え始めた矢先、父のアパートを相続することに。家づくりはプロだが、賃貸経営はサッパリ。

荒井さん
不動産投資歴3年目の会社員。不動産投資に半信半疑だった夫も、今ではとても協力的。最近は、夫婦で自主管理への移行を検討している。

0日目

不動産投資の「はじめの一歩」

はじめに、不動産投資の特徴、メリット＆デメリット、空室リスクや滞納リスク、災害リスクなど不動産投資における様々なリスクに対する防止策や対処法を学びます。
不動産投資の魅力を最大限に活かす方法をマスターして「はじめの一歩」を踏み出しましょう！

高雄くん
印刷会社に勤務する高雄くん。職場の先輩が不動産投資で副収入を得ているのを羨ましく眺める毎日。先輩の紹介で池田先生のもとで勉強することになった。

直樹くん
高雄くんの先輩。かつて、池田先生に不動産投資を学び、現在は区分マンション2室を所有。現在、一棟マンションの購入を目標に、日々、勉強に励んでいる。

あなたにもできる！「不動産投資」

高雄くん、不動産投資に興味があるんだって？

そうなんです。直樹先輩が羨ましくて、本を読んだり、セミナーにも参加したんですけど、なかなか上手くいかなくて悩んでます。

■ そもそも不動産投資って何？

高雄くんは不動産投資に興味があるようですが、そもそも**不動産投資とは何か**を考えてみましょう。

民法では**不動産を「土地」と「土地の定着物」（建物など）と定義**しています。その利用方法は様々で、家族と生活するためのマイホームであったり、商売を営む店舗や事務所であったり、商品を製造する工場や商品を保管する倉庫であったりします。

不動産投資とは、「**不動産を運用して利益を上げること**」を言いますが、大きく分けて次の2通りの意味合いがあります。

> ❶ 不動産を購入して居宅や事務所、店舗や倉庫といった用途で人に貸し出し、**家賃収入を得る「投資」**
> ❷ 不動産を安く仕入れ、売却による**転売益を得る「投機」**

一般的に不動産投資というと、「家主業」「賃貸経営」といった❶の投資方法を指すことが多いのですが、売却による転売益を狙った❷の投機も不動産投資として使われています。

本書では、「毎月、確実に家賃収入を得ながら、安定的かつ効率的に資産形成を図る」❶の不動産投資のノウハウについて基本から分かりやすく解説していきます。

■ 不動産投資はミドルリスク＆ミドルリターン

不動産は高額ですし、株とか為替と比較してリスクは高くないのですか？

もちろん投資だからリスクはゼロじゃないよ。でも、正しい知識を学び実践することで、**確実に利益を上げられる安定した投資方法**だよ。

投資の目的は、資産を運用して**利益（リターン）を得る**ことです。期待する利益が得られるかどうかは不確実であり、上手くいかず損失を出す**危険性（リスク）** もあります。

リスクとリターンの大きさは比例する

投資では、**リスクとリターンの大きさは比例する**のが特徴です。
　安定性、確実性の高い投資は、利益が少なく（**ローリスク・ローリターン**）、安定性が低く損をする危険性が高い投資ほど、上手くいけば一攫千金を狙える可能性もあります（**ハイリスク・ハイリターン**）。
　高雄くんのように、これから不動産投資を始める人は、ローリスク・ハイリターンやノーリスク・ハイリターンといった都合のいい投資、「甘い儲け話」はないということを肝に銘じておきましょう。
　後ほど、不動産投資のメリット＆デメリットを解説する上で、不動産以外の金融商品の内容やそれぞれの特徴をここで紹介しましょう。

代表的なハイリスク・ハイリターン商品

◎ **FX**⇒Foreign Exchangeの略で外国為替証拠金取引のこと。日本円で米国ドルを買って、米国ドルが高くなったら日本円に替えるといった外国通貨を売買した差額で利益を得る投資方法です。レバレッジ（24ページ参照）を利用し証拠金（自己資金）の最大25倍までの取引が可能であり、短期間で高利益を狙える投資方法ですが、為替レートの短期的な大幅変動によって一瞬で証拠金を失い、大きな損失を出す危険性もあります。

◎**信用取引**⇒委託保証金（現金、株式など）を担保としてお金を借り入れ、株の売買を行う投資方法です。委託保証金の最大約3.3倍の取引が可能で、FX同様、高利益を狙える反

面、株価の変動によって委託保証金を超える損失を出す危険性もあります。株式や債券など時価で売買する現物取引と対比してこう呼ばれています。

◎**株式**⇒企業（株式会社）が事業活動の資金調達を目的に発行する株式を売買して利益を得る投資方法です。投資家は保有する株数に応じて企業利益の一部を配当として受け取ったり、株価の値上りによる売却益を得られますが、国内外の景気や社会情勢、出資企業の業績不振に伴う株価下落によって損失を受ける危険性があります。

代表的なローリスク・ローリターン商品

◎**債券（国債、社債など）**⇒国や地方公共団体、民間企業などがお金を調達するために発行する証書で、投資家は債券保有期間中の利子と償還日には元本全額を受け取ります。投資としてのリスクはほとんどありませんが資産を大きく増やすことはできません。

◎**預貯金**⇒預金者が金融機関に預けたお金のことで、預金者は金融機関から定期的な利息の支払いを受けます。将来の元本が保証されているため安定性が高く、常に現金化できる流動性の高い金融商品ではありますが、投資的な効果はほとんどありません。

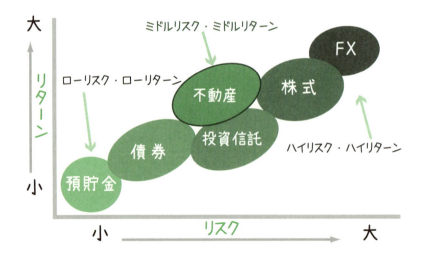

このように、どのような投資も**リスクの大きさに応じたリターン**があります。景気や社会情勢、政治や災害など私たちの生活を取り巻く環境による影響を受けて投資商品の価格は変動します。

特に、不動産投資の場合、債券や預貯金のように投資資金が将来にわたって保証される安定性はないものの、FXや株の信用取引のように日々の激しい値動きによって投資資金が一瞬にして失われるような危険性もありません。

後ほど、詳しく解説しますが、空室リスクや家賃滞納リスクなど不動産投資に伴うあらゆるリスクを回避する方法や対処法を学び、それを実践することで、確実に利益を得ることができる投資です。

つまり、不動産投資は、自分自身でリスクをコントロールし、投資額と運用法に応じて着実にリターンが得られる「**ミドルリスク・ミドルリターンの投資**」なのです。

■ある日突然、家主になることも

あっそうそう！　父親のアパートを相続することになって、今、慌てて勉強しているお客様がいるんです。

そうなんだよ。自分には無縁だと考えていても、ある日突然、家主になることだってあるんだ。

不動産投資というと、資金や資産があって、専門知識を学んだ一部の人のためのもので、「自分には関係ない」と考えていませんか？

決してそうではありません。

私のお客様でも、親が亡くなりアパートを相続することになって、「ある日突然、家主になった」という人が結構います。

不動産は「衣・食・住」の「住」、つまり私達が生活する上で欠くことのできない大切な存在です。

人と不動産との関わり方は多種多様であり、自ら生活するマイホームとしてだけでなく、人が生活する場を提供することで、利益をもたらす「投資」としての側面からも理解を深めておくことが大切です。

❖**POINT**❖　**不動産投資とは**
① **不動産を賃貸や転売で運用して利益を上げること**
② **ミドルリスク＆ミドルリターンで着実に利益を得られる投資**

0-02 不動産投資の一番の魅力とは

高雄くんが考える不動産投資の魅力って何かな？

やっぱり何もしなくても毎月お家賃がもらえることですね。

■不動産投資の魅力は働かずに収入が入ること!?

　不動産投資と聞いて誰もが最初に思い浮かべるのは、「家主」や「地主」といった不動産を貸し出し、働かずに余裕ある生活を送る人たちです。
　不動産投資の最大の魅力は、このように何もせずに固定収入が入る「**不労所得**」であると感じるわけです。高雄くんもその一人です。
　ただ「何もしなくても家賃が入る」ということではありません。
　不動産投資の正しい「知識」を学び、確実に利益を上げる「仕組みづくり」を行った上での不労所得であるという点が重要なのです。
　私が考える不動産投資の最大の魅力は、**「時間（タイム）」と「お金（マネー）」が同時に手に入る**ということです。
　良質の収益物件を見極め、信頼のおける管理会社に業務を任せ、確実に毎月一定の利益を得る仕組みづくりを整えることで、本業、趣味、勉学など「やるべき事」「やりたい事」に費やす時間が得られるのです。
　不動産投資は、本業で忙しい会社員や育児に追われる主婦にも片手間でもできる投資です。
　また、小さな投資規模から徐々に規模を大きくしていき、サラリーマンをリタイアし家主となって経済的な自立（FIRE）することも可能です。
　自分が働いてお金を稼ぐのではなく、**不動産に働いてもらう**ことで、こうしたことが可能になります。

■ 不動産投資はこんな人にピッタリ！

❶ 給与以外に副業の安定収入が欲しい

　不動産投資は、会社努めの**サラリーマンにピッタリの投資**です。

　本業が忙しく、投資に時間を割くことができなくても、良質の不動産を購入し、信頼のおける管理会社に業務を任せてしまえば、ほとんど**手間をかけずに毎月収入が得られる**ようになります。

　FXや信用取引のように値動きが激しく、「売り時」「買い時」の読み間違えから多大な損失を出す危険性はないため、安心して本業に専念できます。

　また、金融機関の融資を利用して投資する場合も、安定収入のあるサラリーマンは最も有利な立場です。

❷ 老後の生活資金が不安！　自分年金をつくりたい

　現在、多くの方が老後の生活資金や年金に不安を抱いています。

　物価上昇や税負担が重くなる中、現在の年金制度だけでは安心して老後生活を送ることは期待できません。

　投資には定年がありません。安定収入を得られる不動産を所有し、**毎月の収入を自分年金として使いたい**方にはとてもお勧めの投資です。

❸ 短期での高収入より、ゆっくりと長くお金を蓄えたい

　不動産投資の場合、所有する物件を売却して利益を得たり、仕入れ＆再販による**短期の転売益を狙う**ことも可能です。

　また、他の金融商品と比べても投資額が高額となるため、専門知識や経験もないまま、誤って利益の上がらない物件を掴んでしまうと、取返しのつかない大失敗となる危険性もあります。

　これから不動産投資を始める人は、市場の影響を受けにくく安定性の高い不動産投資の特性を活かし、**時間をかけて確実に資産運用を続ける投資スタイル**を学びましょう。

　本業や趣味を続けながら、焦らずゆっくりとお金を貯えたいという人にはお勧めの投資です。

❹持家の人

　不動産投資が向いている人に、あえて「持家の人」を加えたいと思います。誤解のないよう説明しておくと、賃貸の人が向いていないという話ではありません。

　不動産投資家のセミナーや不動産投資の書籍では、不動産投資と同時に住宅ローンを利用してマイホームを購入することは、融資枠を狭め「信用棄損」（28ページ）を招くリスクが高いと説明されています。

　本気で不動産投資をしたいなら、「何の利益も生まないマイホームにお金をかけるな」ということです。確かに、考え方は間違っていません。

　しかし、「住宅ローンが利用できること」「マイホームが所有できること」「確実に返済を続けられること」は、その人物の「信用」でもあり、不動産投資の融資審査で不利に働くとは限らないのです。

　最初は**低価格の物件から始め、少しずつ計画的に物件を増やし、信用を積み重ねる**ことが重要なのです。

　つまり、その時々の**「身の丈にあった不動産投資」を実践する**ことが大切なのです。

❺不動産・インテリア・DIYが大好き！

　不動産投資が最も向いている人、それは**「不動産が大好きな人」**です。

　確かに投資として不動産に関わる以上、シビアに数字と向き合い、利益を追求することが重要であることは言うまでもありません。

　しかし、不動産は人が生活する"住まい"であり、そこには"暮らし"があります。常に生活する入居者の立場に立って考える姿勢が大切なのです。

　これは、不動産を選ぶ時だけでなく、室内のリフォームを検討する場合も同様です。

　限られた予算内で入居者に喜ばれる仕様にするには、管理会社に全て丸投げではなく、自ら内装業者を手配したり、時には自分で修繕やDIYすることも有効です。

　私が長年、住宅業界で不動産投資や不動産管理で携わってこれたのも、全ては「不動産が大好き」だから。これに尽きます。

■ 不動産投資は不安なくらいで丁度いい

池田先生、これまで住宅ローンすら組んだこともなく、正直なところ、不動産投資をすることが不安なんです。

しっかりとリスクヘッジすれば大丈夫！
不安な気持ちを慎重さに変えればいいんだよ。

僕も最初は同じように不安だったよ。今も初心忘るべからずの気持ちで頑張ってるよ。

　不動産投資では、高額の不動産を購入するのですから、最初は心配になるのも無理はありません。
　ましてや経験のない高額な融資を利用するとなれば、返済できなくなったらと不安を感じるのも当然です。
　実績のある投資家であっても、最初は皆同じような経験をしてきています。
　しかし、**不動産投資に必要とされる知識を学び、あらゆるリスクを想定したシュミレーションをする**ことで、確実に不安や心配を解消でき、「はじめの一歩」を踏み出すことができるようになります。
　むしろ、不動産投資でどれだけの経験を積んでも、常に不安な気持ちを持ち続け、慎重に取り組む姿勢が大切なのです。
　不動産投資の業界では、3件目、4件目と経験した後に考えられない失敗や詐欺に遭ったりすることもあります。慣れから油断が生じ、足元をすくわれてしまうのです。
　「初心忘るべからず」で、新鮮で謙虚な気持ちと志を持って、不動産投資を続けることが大切です。

0-03 不動産投資の メリット＆デメリット

僕は忙しいサラリーマンで、不動産も好きだから結構向いてるかも（笑）

そうかも知れないね（笑）　まずは不動産投資のメリットとデメリットを勉強しましょう。

■最大のメリットはレバレッジ効果

　不動産投資の最大のメリットは融資を利用することで「**レバレッジ効果**」が期待できる点です。

　レバレッジ効果とは「てこの原理」のことで、てこを利用し力点に加えた小さい力（資金）で作用点に大きな力（収益）をもたらすことです。

　不動産投資の場合であれば、**少ない資金で大きな投資効果（収益）を得る**ことです。

　例えば、手元資金1,000万円で年間100万円の家賃収入が得られる収益物件を現金購入した場合、利回りは10％（100万円÷1,000万円×100）となります。

　しかし、1,000万円を頭金に金融機関から4,000万円の融資を受け、同じ利回り10％の物件を5,000万円で購入した場合、得られる家賃収入は5倍の500万円となります。

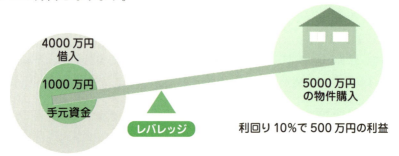

これが不動産投資におけるレバレッジ効果です。

融資の場合、不動産を担保とすることで、現金なら何年、何十年と貯めなければ購入できない物件を購入できるので、得られる投資効果も大きいのです。

不動産投資以外の株式やFXでも保証金や証拠金を担保にレバレッジをかけることが可能ですが、大きく価格が下落したときは一瞬にして元本を失う危険性も伴います。

■不動産自体に価値があり資金調達しやすい

不動産はそのもの自体に資産価値があり、最低限の安定性が確保できる点が特徴です。

建物の価値は築年数とともに経年劣化し減価しますが、土地に関しては、地価に左右されるといえども、株式や為替のように全く価値のない「紙切れ」になってしまうことはありません。

したがって、**不動産を担保として金融機関から資金調達**しやすく、前述のレバレッジ効果も可能となるのです。

特に安定収入のあるサラリーマンの場合、確実に収益を見込める物件を購入することで、より効果の高い不動産投資を実現することが可能です。

■家賃が景気に左右されにくく安定性が高い

不動産の価格は景気によって変動しますが、株式や為替と比較すると**値動きが緩やかであるのが特徴**です。

特に家賃の場合、不動産価格と比較しても更に安定性が高く、景気が低迷しているからといって、即値下がりするわけではありません。

例えば、2008年に起きたリーマンショックの時も株や為替が瞬時に暴落したのに対し、不動産価格に影響が出始めたのは数か月後であり、しかも家賃に影響が出始めたのは更に数年後といったタイムラグがありました。

その間に景気が少しずつ回復に向かい、家賃への大きな影響は出なかったというのが現実です。

このように、不動産価格や不動産収入（家賃）の安定性の高さは、他の投資にない大きなメリットです。

■節税効果が高い

不動産投資を行う上で必ず理解しておきたいのが税金です。不動産は、**「売る時、買う時、保有する時」**の全てにおいて**課税**されるデメリットもあります。

大規模な評価額の高い物件は税金も高額となるため、利用可能な**軽減措置や運用上の経費**として計上できる項目を把握しておくことで、手元に残るお金を増やすことができます。

不動産投資が節税効果が高いとされる一番の理由は、**事業者として必要経費が認められる**点です。

サラリーマンが勤務先からもらう給与が「給与所得」であるのに対し、不動産投資で得られる**家賃収入は「不動産所得」**となります。

給与以外の所得が20万円を超える場合は確定申告することになりますが、その際、**必要経費として計上できる項目があれば、所得税や住民税の節税効果があり、利益が出ずに赤字となれば、給与所得と損益通算できます。**

❖POINT❖ 不動産投資で経費として認められるもの

管理委託料、管理費・修繕積立金(区分の場合)、火災保険料、修繕費・内装費、ローンの利息、建物の減価償却費、広告宣伝費、固定資産税・都市計画税　等

■管理会社に委託すれば何もせずに収益が得られる

不動産投資の魅力(20ページ)でも説明しましたが、不動産投資の場合、**賃貸管理の仕組みづくり**を行うことで、自らが事業に時間を費やす必要がなくなります。

入居者のトラブル対応や日常清掃など管理業務や空室時の入居者募集に関しては、信頼のおける**管理会社に委託**することが可能です。

家賃保証会社を利用することで**滞納トラブルや解約時の原状回復トラブルも軽減**できます。

不動産投資は多忙な会社員が副業として行ったり、主婦が育児や趣味に時間をかけながら安心して行うことができる投資なのです。

■自分自身でコントロールできる

これは全ての不動産投資のメリットに共通する点ですが、「どれだけの時間と予算をかけるか」「どの程度の利益を追求するのか」「どのようにリスクヘッジするか」など、投資の規模、利益、手間など、**すべて自分自身でコントロールできるという点が不動産投資の大きなメリット**です。

景気動向など、自分自身でコントロールできない力に支配される他の金融商品とは明らかに異なる点です。

■最大のデメリットは流動性の低さ

不動産投資はメリットいっぱいですね！
デメリットはないのですか？

もちろんあるよ。デメリットとともに想定されるリスクのパターンを学ぶことが大切だよ。

不動産投資の最大のデメリットは、**不動産自体の「流動性の低さ」**です。

株式や為替は、景気動向に応じて短時間で売り買いでき、預貯金であれば、必要な時に現金化できるので、現金の必要に迫られたときにすぐに対応できます。

一方、不動産の場合は、**必要な時に即現金化できないというデメリット**があります。売りたくてもそれを買ってくれる人がいないと現金化できません。また、手続きにも時間、費用がかかります。

具体的には、不動産業者に売却を依頼し買手を探します。購入希望者が現れても、融資の審査、契約や登記手続きなど、通常、早くても2、3カ月は必要です。

「売り急ぎ」と呼ばれるケースのように、現金化までの時間を優先するあまり、大幅に価格を下げて処分することになれば、大きな損失を被ることもあります。

したがって、不動産投資を安全に行うには、設備不良や自然災害など、緊急時でも対応できるよう資金的な余裕をもって運用することが大切です。

■信用棄損に陥ることがある

不動産投資では「**信用棄損で融資が下りない**」という言葉を聞くことがあります。

信用棄損とは、金融機関からの借入金が投資家自身の信用力や不動産の担保評価を超えてしまった「**債務超過**」の状態をいいます。

例えば、自己資金1,000万円、借入金9,000万円で1億円の収益物件を購入したとします。

2年後に新たな収益物件を購入するため、金融機関に相談したところ、先**の所有物件の担保評価が残債務を大幅に下回り債務超過**の状態に陥ってしまっていたというケースです。

このような信用棄損の状態に陥ると、金融機関からの新たな融資が難しくなったり、債務超過分を補うだけの自己資金の投入を条件付けられたりします。

また、売却処分しようにも、自己資金で補填して「**損切り**」という形で赤字を出して打ち切る他ないという最悪なケースもあります。

先ほど、融資による資金調達がしやすく、少ない自己資金でレバレッジ効果が期待できるメリットについて説明しましたが、資産価値や収益性に劣る物件を掴んでしまったり、無計画にフルローンやオーバーローンを組んでしまうことで、信用棄損に陥る危険性があることを十分に理解しておくことが大切です。

信用棄損を未然防止し、確実に収益を確保するには、リスクを想定したシュミレーションを立て、将来性を期待できる良質な物件を見極めることが重要です。

信用棄損は怖いですね。
僕のマンションは大丈夫かなぁ……

自分が信用棄損の状態に陥ってることを認識しにくいところが盲点なんだよ。でも、**物件の見極め方や資金計画を学んで実践する**ことで確実にリスクヘッジは可能だよ。

■ 税金や手数料など諸経費の負担が大きい

　不動産投資の3つ目のデメリットは、**諸経費**、特に**売買に関わる費用や税負担が大きい**ことです。

　メリット面でも説明したとおり、不動産取引や投資運用にかかる費用は基本的に経費として計上することができます。

　不動産投資をこれから始める人や始めたばかりの人は、得られる節税効果よりも不動産取引、特に購入時の諸費用（1-03参照）の負担が大きくなります。

　融資を利用する場合も、オーバーローンでなければ諸費用部分は自己資金で補うことになります。

　株式や為替の売買と違って、不動産という資産価値のある現物に投資するわけですから、デメリットとして捉えるよりも、物件を取得し運用することで様々な恩恵を享受するための条件として理解する方がよいでしょう。

❖POINT❖　購入時に係る諸経費
登録免許税、不動産取得税、印紙税、司法書士報酬、仲介手数料、融資事務手数料、保証料　等

不動産投資のメリットとデメリット理解できた？

何となくですが。でも、メリットがデメリットになることも、その逆もあり得るんだと感じました。

理解が早いね！　メリットもデメリットも物件次第。収益性の高い良質の物件を選び抜かないとね。

0-04 不動産投資のリスクを学ぼう

池田先生、不動産投資の一番のリスクは何ですか？

勉強せずに収益の上がらない物件を購入してしまうことだよ！

■ 最大のリスクは「悪い物件を掴んでしまうこと」

　不動産投資は、他の投資や金融商品と比較すると不動産自体に資産価値があり、市場動向や景気による影響も緩やかで、安定収入を期待できる投資方法です。

　最大のリスクは**「資産価値のない物件」**や**「収益を生まない物件」**を購入してしまうことです。

　不動産投資の魅力も様々なメリットも、資産価値があり、毎月一定の安定収益が得られる物件を所有することが大前提です。

　この条件を備えない物件を購入してしまうことが最大のリスクであり、債務が大きければ再起不能という最悪の事態に陥りかねません。

収益を得るためには専門知識がある程度必要！

　不動産投資では、**様々な法規制や専門知識が必要**となります。

　特に不動産の購入時には、**建築基準法**やその他の法令に関わる知識が必要となります。

　区分所有建物（分譲マンション）では、**管理組合運営の質や将来性**を見極め購入することが大切です。

　専門知識がないために、不動産業者に「高利回りだから」と勧められ、違反建築物を購入してしまったり、購入半年後に区分マンションの修繕積立金が2倍に跳ね上がったりということがあっては目も当てられません。

不動産投資最大の「悪い物件を掴んでしまうリスク」は、**「無知であるがゆえのリスク」**です。この最大のリスクに対する最強のリスクヘッジは、「勉強すること」、これに尽きます。

とにかく、不動産売買や不動産投資の関連書籍をたくさん読み、興味があれば、宅建士やマンション管理士、賃貸不動産経営管理士など関連資格にチャレンジしても良いでしょう。

不動産投資セミナーに参加して、不動産投資の知識や先輩家主の体験談を聞いてみるのも勉強になります。

ただし、不動産業者が主催する**無料セミナーには注意**してください。知識を得るために参加し、知識があれば絶対買わない物件を買わされては元も子もありません。

不動産投資で成功する人は、収益を得られる物件を見極めるため、常に貪欲に勉強し、情報収集しているのです。

■不動産投資の代表的なリスクを覚えよう

なるほど！　不動産は専門知識が多いですからね。
他にはどんなリスクがありますか？

代表的なもので空室リスクや滞納リスクかな。あと事件事故に巻き込まれてしまうリスクもあるね。

❶ 空室リスク

不動産投資の最も代表的なリスクと言えば、**空室リスク**です。

空室期間中は家賃収入が減少するため、無理なローンを組んでいると返済が行き詰る危険性もあります。

仮に、**所有物件が1戸の場合、空室時は完全に収入が0**になってしまい、管理費や固定資産税など入居者の有無に関係なく必要となる費用は全て自己資金で補うことになります。

不動産投資における空室リスクは避けては通れないものです。

安易に満室想定で計画を立てて、実際に空室になった時に慌てることのな

いよう、購入物件の絞り込みの時点で少し厳しめの**空室率を想定したシュミレーション**を立てておきましょう。

また、2戸目、3戸目と所有戸数を増やしたり、部屋数が数室から数十室というマンションなどを購入すれば、空室率を想定内に抑えることで確実にリスク分散できます。

❖POINT❖　主な空室リスク対策

（a）継続的な安定需要が期待できる政令指定都市で物件を探す
（b）客付けの強い管理会社や不動産業者と取引する
（c）周辺の競合物件と差別化を図る（内装、セキュリティ、ペット飼育など）
（d）所有戸数を増やす。複数戸からなるマンションなどを所有
（e）空室保証（サブリースなど）の利用を検討する

---

❷ 滞納リスク

空室リスクとともに家賃収入に直接影響を与えるのが、**家賃の滞納リスク**です。

空室と違って、督促請求など手間だけがかかり、しかも、経理上は売上（未収金）と処理されるため税金もかかります。

根気強く督促請求を続け回収できればよいのですが、最悪、法的手続きによって訴訟となった場合、大変な時間と労力、そしてお金が必要です。

裁判に勝訴すれば物件の明け渡しを受けることは可能ですが、滞納賃料を全額回収できない場合も多く、落としどころを決めて妥協する他ありません。原状回復費や残置物処理に膨大な費用がかかるケースもあります。

家賃滞納リスクに最も有効な手立てとしては、**家賃保証会社の活用**です。元々は連帯保証人を付けることのできない借主が利用することが多かったのですが、最近では**家賃保証会社の加入と家賃の口座振替を条件としている家主や管理会社が増加傾向**にあります。

また、家賃保証会社を利用することで管理会社による家賃督促業務が軽減し、月々の管理料を抑えることも可能です。

そして、何より**入居審査を徹底**することが重要です。

空室が長期間続くことで焦りが出てくるのは分かりますが、空室リスク以上に厄介な滞納リスクを軽減するためには妥協しないことです。

❸ 物件価値毀損リスク

物件価値毀損リスクとは、室内における事件事故（自殺、他殺、孤独死など）や不良入居者（暴力団、迷惑行為者など）の存在によって、**物件自体の価値が損なわれ、家賃水準にも大きく影響を与えてしまうリスク**です。

最近は、学生や若い単身者だけでなく、高齢者の一人暮らしが増加傾向にあり、室内で一人で亡くなってしまう孤独死の問題が深刻化しています。また、ある日突然、自殺や他殺といったトラブルに巻き込まれる可能性もあります。

先ほど、家賃保証会社の有効性について触れましたが、注意すべき点は、「保証会社に加入すれば家賃だけは大丈夫！」といった安心感から、入居審査や管理業務が疎かになってしまうことです。

家賃保証会社がなかった時代には、連帯保証人や緊急時連絡先をしっかりと確保し、借主の勤務先や保証人の連絡先に変更がないかを定期的に確認していました。

また、入居者が家主宅に家賃を持参したり、家主が直接集金してまわったりと、常に家主と入居者、入居者同士のコミュニティが自然と形成されていたため、トラブルなど異変があれば早期発見できていたのです。

実際、孤独死や自殺などの問題のほとんどが近親者からの連絡であったり、郵便受けに溜まった新聞、チラシなど異変に気付いた近隣住民からの連絡によって発見されているのです。

家主の立場としては、全てを管理会社や家賃保証会社任せにするのではなく、入居者募集や入居審査の時点から、**入居者や連帯保証人の属性（家族構成、勤務先など）や転居理由など、細部まで妥協することなくチェック**することが大切です。

特に高齢者の一人暮らしでは、常に連絡を取り合える子供や親戚、友人などの存在や日々の生活パターンをしっかりと掴んでおくことが大切です。

❹ 災害リスク

近年、地震や台風など自然災害による被害が増加傾向にあります。

物件選びの時点では、対象地が津波災害警戒区域や土砂災害警戒区域にないかなど、**ハザードマップをチェックし、地震や噴火、津波など自然災害による被害を予測**することが重要です。

また、災害防止策として欠かせないのが**火災保険**です。経年劣化による損傷以外であれば火災保険で対応できるケースがほとんどです。

地震による損傷や火災に対しては**地震保険**で対応します。

また、**施設賠償責任保険**により外壁の倒壊やタイルの剥落などで近隣住民や通行人にケガを負わせてしまった場合に対応します。

入居者には、**借家人賠償責任保険と個人賠償責任保険の付帯された家財保険に加入**してもらうことで、貸室内での損害とともに貸室を原因とする建物や他の入居者などに与えた損害に対応できます。

❺ 金利上昇リスク

不動産投資で融資を利用する場合、必ず**金利上昇リスク**を考えておかねばなりません。

融資を利用することでレバレッジ効果を期待できる点が不動産投資の魅力でもありますが、高額融資を利用している場合、**わずかな金利上昇によっても返済額は増加**し収益を確保することが困難になるリスクがあります。

(例) 融資額：5,000万円、返済期間：20年、元利均等返済の場合

金　利	1.0%	3.0%	5.0%
(a) 返済月額	229,947円	277,298円	329,977円
(b) 返済総額	55,187,280円	66,551,520円	79,194,480円

金利上昇リスクを軽減するには、返済計画を立てやすい**固定金利型を選択**することをお勧めします。

変動金利型を選択する場合でも、当初から金利上昇率を考慮したシュミレーションを立てることで確実にリスクを軽減できます。

❖POINT❖　主な金利上昇リスク対策

(a) 固定金利型を選択する
(b) 可能な限り長期低金利の融資を受ける
(c) 自己資金率を上げ、過剰な融資（フルローン、オーバーローン）は避ける
(d) 繰り上げ返済、特に利息軽減効果の高い期間短縮型を検討する

❻ 建物老朽化リスク

建物は必ず経年とともに老朽化します。外壁塗装、屋上防水、鉄部塗装など**計画的に修繕工事を実施**しなければ、建物の質が落ち、**家賃下落や空室リスク**を増大します。

不動産投資では毎月確実に家賃収入を得て、蓄えた資金で次の収益物件の購入へと資産を拡大していくことが理想です。

同時に**所有物件の修繕費を計画的に蓄え**、常に一定の入居率を確保するよう計画することが重要です。

そのためには、物件検討段階で対象物件の**過去の修繕履歴を注意深く確認**することが重要です。

一見、高利回りで好条件かのように思えても、過去数十年間、主だった修繕工事がほとんど未実施という物件も少なくありません。

物件取得後、即対応が必要な工事、3年以内、5年以内に必要な箇所など、購入時に所有期間中の修繕費を見込んだ計画を立てることが大切です。

たくさんリスクがありますね。本当にできるか不安になってきました。

リスクを完全に避けることはできないけど、最初から**リスクを想定したシュミレーション**を立てれば大丈夫！ 1つひとつしっかり学んでいこう！

僕も始める前は、滞納したらどうしようとか、煩わしいトラブルに巻き込まれないかと不安でしたが、池田先生のアドバイス通りしっかり対策を練りました。

分かりました！ しっかり勉強します！

> **Column** 「自分計画書」を作ってみよう！

あなたは、「なぜ」「なんのために」不動産投資を始めたいのですか？

この質問に即答できなかった人には、「自分計画書」の作成をお勧めします。

不動産投資は、株式やＦＸなど他の投資と比較し、不動産自体の資産性が高く、運用次第で安定した収益が得られる有望な投資方法です。

不動産投資を始めたいと考える人はたくさんいます。しかし、一方で、なかなか一件目が購入できなかったり、何とか購入できても、思うように利益が上がらず、途中で断念してしまう人も数限りなく存在します。

私の経験上、熱意はあるのに、不動産投資が始められない人や成果を出せずに断念してしまう人には、ある共通点があります。それは、**不動産投資を始める理由・動機「なぜ」が曖昧で、目的「なんのために」が漠然としている**ということです。

少し厳しい表現にはなりますが、ゴールの見えない旅に出て、「自分探しの迷走」の如く、ひたすら不動産投資セミナーに通い続け、結局、「必ず儲かる」「節税対策になる」といった甘い投資話に乗せられ失敗してしまうのです。

自分計画書とは、3年後、5年後、10年後、将来の自分自身の「なりたい姿」を具体的にイメージして書き上げる"自分だけの未来年表"です。

自分計画書は、決して、他人目線で「格好のいい」ものである必要はありません。あくまでも「自分流」でいいのです。

例えば、「50歳までに資産総額10億円を達成して脱サラする」「脱サラ後は、有機野菜の農園を経営する」といった感じです。

誰に見せるものでもありません。

最初は「恥ずかしい」と感じるくらいで構いません。

その上で「5年後には資産総額3億円を達成する」、「年間700万円のキャッシュフローを得るために、利回り8％の物件が3棟必要」など、「目的」に近づくための具体的な「目標」を立てるのです。

自分自身を取り巻く環境が変化したり、計画が甘く思うように目標が達成できなければ、随時、計画を練り直し、軌道修正すればよいのです。

不動産投資の「はじめの一歩」は、自分自身とじっくり向き合い、自分だけの未来年表「自分計画書」を作成することです。

さあ、7日間のカリキュラムをスタートしましょう！

1日目

不動産投資とお金の基本

1日目は、不動産投資における2つの利益の上げ方(❶インカムゲインと❷キャピタルゲイン)と、不動産の収益性を見極める6つの指標(❶表面利回り、❷実質利回り、❸キャッシュフロー、❹債務回収比率(DCR)、❺返済比率、❻イールドギャップ)の用い方を、具体例をあげて、詳しく解説します。
"数字を制する者は、不動産投資を制す"
数字が苦手な人も頑張りましょう！

高雄くん
印刷会社に勤務する高雄くん。職場の先輩が不動産投資で副収入を得ているのを羨ましく眺める毎日。先輩の紹介で池田先生のもとで勉強することになった。

直樹くん
高雄くんの先輩。かつて、池田先生に不動産投資を学び、現在は区分マンション2室を所有。現在、一棟マンションの購入を目標に、日々、勉強に励んでいる。

1-01 インカムゲインとキャピタルゲイン

直樹くん、実際に経験してみて、**不動産投資とマイホームとの違い**は何だと思う？

そうですね、家賃をもらって儲かるかどうか。

そうだね。不動産投資では**利益が上がることが「良い物件」の第一条件**なんだ。

■ 不動産投資を判断する6つの指標

不動産投資の場合、**「良い物件」の第一条件は「利益」を上げられるかどうか**です。

マイホームの場合、古くても、狭くても、駅から遠くても、家族との楽しい生活や大切な思い出があれば「良い家」です。

しかし、不動産投資では、物件の外観やデザイン、生活環境などが満足のいくものであっても、利益を上げることができなければ、「合格点」はつけられません。その点が不動産投資とマイホームとの決定的な違いです。

不動産投資における「良い物件」「合格点」であるかどうかは、投資家自身の「感覚的な判断」ではなく、**数字に裏付けされた「指標」によるもの**であることが必要です。

不動産投資における代表的な指標には、次の6つがあります。

❶ 表面利回り　　❷ 実質利回り　　❸ キャッシュフロー
❹ 債務回収比率（DCR）　❺ 返済比率　❻ イールドギャップ

これらの**指標を正確に捉え実際にシュミレーションする**ことで確実に利益を生む物件を見極めることができるようになります。

不動産投資で利益を得る方法は、毎月の家賃だけになりますか？

いい質問だね！　不動産投資では、毎月の賃料だけでなく、**所有物件を売っても利益が出せる**んだ！

■ 不動産投資の基本はインカムゲイン

1つひとつの指標を学ぶ前に、**不動産投資における利益の上げ方**を整理しておきましょう。

毎月の賃料はインカムゲイン

まず、賃借人からの毎月の**家賃収入による利益を「インカムゲイン」**と言います。不動産投資では、この**インカムゲインを安定的に得ることが一番の目標**となります。

所有物件を売却して得られるキャピタルゲイン

所有する物件を買値より高く売ることで得られる差益を**「キャピタルゲイン」**と言います。キャピタルゲインには、当初より再販目的で物件を仕入れ、比較的短期間で売却し転売益を得る方法と、5年、10年と一定期間所有した後に売却し利益を得る方法があります。

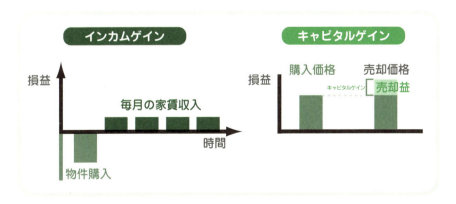

短期での転売は、不動産業者、特に買取再販を専門とするプロの業者が行う手法です。これから不動産投資を始める人は、確実に毎月のインカムゲインを蓄え、その上で「売り時」を見極め、**確実にキャピタルゲインを得られる投資方法**をしっかりと学んで欲しいと思います。

■所有物件の一部を自分で利用し収益性を高める

　不動産投資で利益を得る2つの方法を紹介しましたが、次のような応用編も考えられます。

　例えば、自ら事業をされている人、例えば飲食店経営者であれば、収益一棟マンションを購入して1階店舗を**自ら活用**するのです。

　例えば、賃料20万円相当の店舗部分を自ら活用し、月100万円（5倍）、月200万円（10倍）の事業利益を得るようなケースです。

　この投資方法であれば、1棟全体を賃貸する場合と比較して、収益性や稼働率を高めることができ、所有者自らが他の店舗を借りる場合に必要な賃料も節約できます。

　同じように、収益一棟マンションの1室を自宅、いわゆる「オーナーズルーム」として活用する方法があります。

　この方法であれば、本来、何の利益も生まない持ち家が収益性も兼ね備えた空間となります。また、同じ物件内で生活することで管理会社に委託せず自ら管理（自主管理）することも可能になります。

❖POINT❖　賃貸収入と売却利益の2つのゲイン
❶ **月々の家賃収入で利益を得る**（インカムゲイン）
❷ **不動産を売却して利益を得る**（キャピタルゲイン）

学生の頃に借りてた古アパートに家主さんも住まれてて、深夜まで友達と騒いでよく叱られました。

当たり前だよ！　その時の家主さんの気持ちが理解できるようになるよ。

1-02 表面利回りと実質利回り

不動産投資には、利益がちゃんと出るか見極める方法がありますよね！

その通り！ **指標を使いこなす**ことで、投資リスクも最小限に軽減できるよ。

　不動産投資の最も基本となる指標が「利回り」です。金融機関の商品でもよく聞く言葉ですね。
　利回りとは、**投資金額に対してどれだけの利益が得られたかを示す数値**であり、株式の配当や投資信託の分配金など投資全般の収益性を示す指標です。
　通常、利回りは**一年間に得た利益の投資効率**を表します。
　例えば、500万円を投資して1年間で50万円の利益を得た場合、利回りは10％となります。

> 利回り（％）＝50万円÷500万円×100＝10％

■ 不動産投資の基本は表面利回り（グロス利回り）

数字が苦手で、いつも、どんぶり勘定ですが大丈夫でしょうか？

大丈夫だよ！
先ずは最も基本となる表面利回りから勉強しよう！

不動産投資の利回りには、「**表面利回り**」（グロス利回り）と「**実質利回り**」（ネット利回り）の2種類があります。

収益物件を探しながら、より希望に近い情報を絞り込む上で、最も基本的かつ重要な指標となるため、ここでしっかりと覚えておきましょう。

まず、**「表面利回り」**とは、**物件価格に対して1年間で得られる家賃収入の収益率**を表す数値です。

経費など細かい数字は抜きにして、全体（グロス）で収益率を捉えることから**「グロス利回り」**とも呼ばれます。

表面利回り計算式

> 表面利回り(%) ＝ 年間家賃収入 ÷ 物件価格 × 100

具体例で計算してみましょう。

＜具体例＞

物件価格：2,000万円、家賃月額：15万円　⇒　表面利回りは？

　15万円 × 12カ月 ÷ 2,000万円 × 100 ＝ 9.00%（表面利回り）

家賃収入には、家賃の他、共益費、駐車場使用料など、借主から得られる全ての収入が含まれます。

計算式からもわかる通り、**必要となる数字は1年間の家賃収入と物件価格のみ**であり、物件購入時や所有期間中に必要となる税金、修繕費や管理費といった**経費に関しては考慮しません。**

不動産業者の**物件資料やネット情報に記載されている利回りのほとんどがこの表面利回り**です。

高利回りで利益が上がると期待していたところ、購入時や運営中の経費の読み違いからほとんどお金が残らない、最悪は赤字経営に陥るなんてこともあるため注意が必要です。

表面利回りなら僕でも計算できそうです！

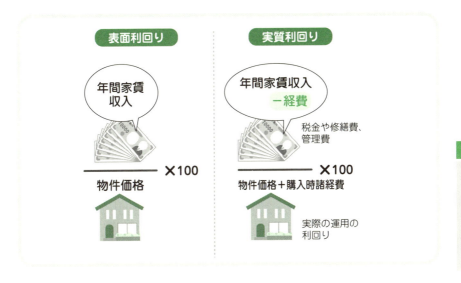

■ 経費を考慮した「実質利回り」（ネット利回り）

表面利回りの次は、**実質利回り**です。

家賃収入と不動産価格のみで判断する表面利回りに対して、実質利回りは、**不動産購入時や運営中の経費などを考慮した正味（ネット）の収益率**であることから**ネット利回り**とも呼ばれます。

実質利回りは次の計算式で求めることができます。

実質利回りの計算式

実質利回り（%）
＝（年間家賃収入－年間経費）÷（物件価格＋購入時諸経費）× 100

先の具体例を基に、以下の条件で実質利回りを計算してみましょう。

＜具体例＞

物件価格：2,000万円、家賃月額：15万円、年間経費：35万円、
購入時諸経費：300万円（内装費用含む）⇒ 実質利回りは？

（15万円×12カ月－35万円）÷（2,000万円＋300万円）× 100
＝ 6.30%　（実質利回り）

このように、表面利回り9.00%だった物件が、実質利回りで計算すると6.30%まで下がってしまいました。

この結果からもわかるように、実質利回りは、購入時や運営中の経費、内装費用などを考慮するため表面利回りよりも低い数値となり、**より実際の収益率に近い数値**となります。

■表面利回りも実質利回りも役割がある

最初から実質利回りで計算すればいいですよね！

表面利回りにも大切な役割があるんだよ。

不動産投資で得られる利益を考える上で、より**現実に近い実質利回りが重要**であることは言うまでもありません。

しかし、膨大な数の物件情報の中から希望に近い物件を絞り込んでいく過程で、購入時や運営中に必要となる全ての経費を正確に把握することは、決して簡単な作業ではありません。

購入時の登録免許税や不動産取得税の計算には、物件の固定資産税評価額が必要です。

また、購入物件に応じた内装費や運営中のランニングコストをより正確に想定しなくてはなりません。

物件情報の収集過程において必要なことは、1つひとつの物件情報を丁寧に時間をかけて精査することではなく、より多くの情報に触れることで、**良質の物件を見極める目を養う**ことです。

まず、家賃収入と物件価格から**簡単に計算できる表面利回りを使って希望に近い情報を絞り込んでいきます**。

この場合、実際の収益率は下がることを前提に、期待する利回り（例6%〜8%）より高めの表面利回り（例10%〜12%）を設定します。

そして、物件候補の絞り込みができた時点で、物件ごとに購入時や運営中に必要な経費を計算した実質利回りを求めるという手順が理想です。

表面利回りと実質利回りという2つの指標には、それぞれの役割があることを理解した上で使いこなすことが大切です。

■ 空室や家賃下落も考え利回り計算してみよう

先程の表面利回りと実質利回りの計算で、何か気づきませんか。

いずれも「現時点」における家賃収入を基に計算した数値であり、「将来的」な**空室による損失や家賃下落の可能性までは考慮していない**のです。

例えば、先の例の場合、仮に3カ月の空室期間があると、その年の年間家賃収入は、180万円（15万円×12カ月）から135万円（15万円×9カ月）へと大きく減少してしまいます。

入居者の入れ替わりがある頻度によっても異なります。

例えば、3年で1度のペースで空室期間が3カ月となる場合、空室率は8.33%（3カ月/36カ月×100）、入居率は91.67%となります。

また、全20戸の収益一棟マンションの内、2戸が空室の場合、空室率10.00%（2室/20室×100）、入居率90.00%となります。

融資の貸付を行う金融機関では、空室率10%、入居率90%を評価の基準とする場合が多いため、先の例で計算し直してみましょう。

15万円×12カ月×90%÷2,000万円×100＝8.10%（表面利回り）

（15万円×12カ月×90%－35万円）÷（2,000万円＋300万円）
＝5.52%（実質利回り）

僕のマンションも一度入居者が入れ替わったよ。

確かに、ずっと満室はあり得ないですよね。

1-03 不動産の「購入時」に必要となる費用

不動産投資では、**購入時と運営時にかかる費用**が重要なんだ。

えっ、売買代金以外にも費用が必要なんですか？

僕も最初は驚いたけど、余裕を持っておかないとね。

　不動産の購入には、土地や建物の購入代金以外にも多くの費用がかかります。実際に不動産を購入する時と運営していく上で必要となる費用について考えてみましょう。
　購入時と運営時の費用を理解することで、**実質利回りをより正確に計算**することができ、3つ目の指標である「**キャッシュフロー**」を予測することも可能になります。

■ 不動産の「購入時」に必要となる費用を覚えよう

　不動産の**購入時に必要となる主な費用**は次の通りです。

❶ 仲介手数料　❷ 印紙税　❸ 登録免許税
❹ 不動産取得税　❺ 火災保険料

❶ 仲介手数料は規定があるが、値引き交渉も可能！

　不動産会社が仲介して購入する場合、**仲介業者に支払う報酬**が仲介手数料

です。宅地建物取引業法により**報酬の上限額**が次のような3つの区分で定められています。

　良質の情報を継続的に入手するためにも、過剰な値引き交渉はお勧めしませんが、報酬規程の範囲内で相談や交渉による値引きも可能です。

〔売買価格〕	〔計算式〕
200万円以下	取引額×5%
200万円～400万円以下	取引額×4%＋2万円
400万円超	取引額×3%＋6万円

＜具体例＞

売買価格：2,000万円の場合

　　2,000万円 × 3% ＋ 6万円 ＝ 66万円（消費税別途）

　なお、新築物件や再販（中古）物件のように、売主自らが宅地建物取引業者の場合、仲介手数料は不要となります。

　物件資料にある「**取引態様**」を確認しましょう。

❷印紙税は契約文書の種類と金額により決まる！

　売買契約書、建物を建築する場合の**工事請負契約書**、金融機関の融資を利用する場合の**金銭消費貸借契約書**の契約金額に応じた**印紙税**が必要です。

（例）売買価格：2,000万円、融資利用なしの場 ⇒ 10,000円

印紙税額一覧

契約金額	不動産譲渡契約書 工事請負契約書	金銭消費貸借契約書 （本則）
500万円超1,000万円以下	※5,000円	10,000円
1,000万円超5,000万円以下	※10,000円	20,000円
5,000万円超1億円以下	※30,000円	60,000円
1億円超5億円以下	※60,000円	100,000円

（軽減税率※は令和9年3月31日まで）

❸ 登録免許税は登記の種類と軽減税率をチェック！

　登録免許税は、新築で建物を取得した場合の**所有権保存登記**、売買などで不動産を取得した場合の**所有権移転登記**、融資を利用し抵当権（根抵当権）を設定した場合の**抵当権設定登記**に必要になる税金です。

　登記とは、不動産の物理的状況（所在、種類、面積など）や権利関係（所有権、抵当権など）を、法務局備え付けの帳簿（登記簿）に記録し公示する制度です。

　なお、登記手続きを怠ると、真の権利者（所有者など）であることの主張ができず、不動産の売却や賃貸で貸し出すことが難しくなります。

- 所有権保存登記（新築時）　　固定資産税評価額 × 0.4%
- 所有権移転登記（取得時）　　建物：固定資産税評価額 × 2%
　　　　　　　　　　　　　　　土地：固定資産税評価額 × 1.5%※
- 抵当権設定登記（借入時）　　債権額 × 0.4%

※軽減税率（令和8年3月31日まで）、本則税率:2%

＜具体例＞

区分所有マンション（中古）を売買で購入、融資利用なしの場合
固定資産税評価額：1,000万円（建物：600万円、土地：400万円）
　　　　所有権移転登記（建物）600万円×2%　＝120,000円
　　　　　　　　　　　（土地）400万円×1.5%＝　60,000円
　　　　〔合計〕180,000円

　登記を依頼する**司法書士の報酬額**は、登記の内容、土地の筆数、評価額などによって異なりますが、おおむね**5万円から15万円程**です。

　例えば、先の例で司法書士の報酬額が7万円の場合、登記費用は25万円（18万円＋7万円）になります。

❹ 不動産取得税は住宅＆宅地で軽減税率が適用可能！

　不動産取得税は、不動産を取得した人に対し**都道府県が課税する税金**です。

　本来、不動産の取得後30日以内（都道府県により異なる）に申告を行い

納税しますが、実際には期限内に申告する人は少なく、取得後2カ月程で送付されてくる**納税通知書に基づき納税**する人がほとんどです。

不動産取得税は、固定資産税評価額（課税標準額）に4%を乗じて計算しますが、令和9年3月31日までに土地と住宅を取得した場合、税率3%が適用できます。

また、令和9年3月31日までに宅地等（宅地および宅地評価された土地）を取得した場合は、固定資産税評価額に2分の1を乗じたものを課税標準額とします。

不動産取得税の計算式

（本則）固定資産税評価額（課税評価額）× 4%
（特例）建物（住宅）＝ 固定資産税評価額 × 3%※
　　　　土地（宅地等）＝ 固定資産税評価額 × 1/2 × 3%※
※軽減税率（令和9年3月31日まで）

＜具体例＞

固定資産税評価額：1,000万円（建物：600万円、土地：400万円）
　　不動産取得税　（建物）600万円 × 3% ＝　　　180,000円
　　　　　　　　　（土地）400万円 × 1/2 × 3% ＝ 60,000円
　　　　　　　　　〔合計〕240,000円

購入時の税金は結構負担ですよね。

そう！　買う時だけじゃなく、売る時や持ってるだけでも税金がかかる。利用できる特例や軽減措置は必ず理解しておかないとね。

❺火災保険料は保険金額＆補償内容が重要！

物件購入時の費用で意外と盲点となるのが**火災保険料**です。

火災保険とは、火災や風水災によって被害を受けた建物や家財を補償する損害保険です。家主が建物、借主が家財を対象とする保険に加入します。

そして、必ず検討しておきたいのが次に紹介する**保険や特約の付帯**です。

保険は「万が一」の有事に備えるためのものです。保険金額、補償内容などを十分に理解した上で検討しましょう。

a. 地震保険

地震・噴火・津波を原因とする火災・損壊などによる被害を補償する保険です。
特に、火災保険だけでは対象とならない「**地震を原因とする火災**」による被害を補償できる点がポイントです。原則、**火災保険とセットでの加入**となります。

b. 施設賠償責任保険

契約者が所有、使用、管理する施設で、他人の身体や財物に損害を与え、法律上の賠償責任が生じる場合の被害を補償する保険です。
例えば、マンションの外壁が剥落し通行人にケガをさせたり、所有する区分所有マンションの給排水管の事故により下階の部屋に被害を与えてしまったようなケースが該当します。

c. 建物電気的・機械的事故特約

地震保険と施設賠償責任保険までは加入されていても、意外と知られていないのがこの特約です。
建物電気的・機械的事故特約とは、建物の電気設備や空調設備、昇降設備、衛生設備、消火設備などの**電気的・機械的事故（ショート、スパーク、過電流による焼付けなど）による損害を補償する特約**です。
電気設備や空調設備、昇降設備などの機器交換や修理費用はかなり高額となり、不動産投資を行う上では大きなダメージです。
一棟マンションなどで昇降機のある物件は、設備のメンテナンス契約の見直しとともに検討しておきたい特約です。

d. 家賃収入特約

賃貸住宅が**火災や風災などの事故によって損害を受け、家賃収入が得られなくなった場合の損失額が補償される特約**です。

e. 家主費用特約

賃貸住宅内での**死亡事故（自殺、他殺、孤独死など）によって受けた家賃収入の損失や、遺品整理、清掃、消臭、改装などの費用が補償される特約**です。
家賃収入特約とともに付帯しておきたい特約です。

　物件購入時に必要となる主な費用を説明しました。
　その他にも、固定資産税・都市計画税、管理費・修繕積立金などの**日割清算金**、金融機関の融資を利用する場合は、**融資事務手数料**や保証会社の**保証料**が必要になります。
　また、購入直後に**室内リフォーム**や**修繕工事**が必要になる場合は、あらかじめ見積書を取得して準備しておくとよいでしょう。

1-04 不動産の「運営時」に必要となる費用

税金、手数料、火災保険……、不動産って購入する時は結構お金がかかるんですね。

購入時の費用も大切だけど、継続的にかかる**ランニングコスト**は特に重要だよ。

■ 不動産の「運営時」に必要なランニングコスト

不動産投資の場合、購入時はもちろん、**運営時に必要な費用**が非常に重要です。継続的に必要となる費用には、❶**固定資産税・都市計画税**、❷**管理費・修繕積立金**のように必然的に必要になるものと、❸**設備機器の点検・検査費用**、❹**管理料**、❺**修繕費**のように運営方法次第で調整可能なものがあります。

❶ 固定資産税・都市計画税は軽減措置に注目！

固定資産税は、毎年1月1日現在、市町村の固定資産税課税台帳に土地、家屋の所有者として登録されている人に課税される税金です。

また、**都市計画税**は都市計画区域内の市街化区域にある土地・家屋に課税される税金です。

> 固定資産税 ＝ 課税標準（固定資産課税台帳に登録された評価額）× 1.4%
> 都市計画税 ＝ 課税標準（固定資産課税台帳に登録された評価額）× 0.3%

固定資産税・都市計画税は、上記の計算式で税額が計算されますが、必ず押さえておきたいポイントは「**専用住宅用地の課税標準の軽減措置**」です。

専用住宅用地の課税標準の軽減措置

住宅用地の課税標準の特例

区分	土地の利用状況	面積区分	固定資産税	都市計画税
小規模住宅用地	住宅やアパートの敷地	200m²以下の部分	評価額の6分の1	評価額の3分の1
一般住宅用地		200m²を超える部分	評価額の3分の1	評価額の3分の2

　収益一棟マンションのように、店舗・事務所と住宅が混在する場合、**総床面積に対する居住部分の床面積の割合**によって**住宅用地率**が決まります。

　例えば、地上5階以上の耐火建築物の場合、居住部分の割合が**75％以上**であれば、**住宅用地率1.0**となり、敷地全体に軽減が適用されます。

　一方、居住部分の割合が**25％未満は住宅用地率0**の事業地扱いとなり、軽減が適用されません。

　したがって、**オフィスビルや店舗ビルなどは、固定資産税・都市計画税の軽減税率が適用されない**ため注意が必要です。

❷管理費・修繕積立金は改定の有無を必ずチェック！

　区分マンションを所有する場合、必ず必要となるのが**管理費・修繕積立金**です。

　管理費は、マンションの敷地および共用部分の維持管理のために必要になる費用です。

　具体的には、管理会社に対する管理業務の委託費用、共用部分の清掃費やゴミ処理費、共用設備の保守点検費や水道光熱費などです。

　修繕積立金は、将来必要となるマンションの修繕費用として、管理組合員全員で蓄えるお金です。

　管理費・修繕積立金で注意すべき点は、**改定予定の有無**です。

　管理会社から発行される**重要事項調査報告書**や定期総会の**議案書・議事録**は必ず確認しましょう。

　管理状態は良好であるか、計画的に大規模修繕が実施されているかなど、**管理組合運営の質と将来性の見極め**が、投資における勝敗の分かれ目といっても過言ではありません。

僕も管理費や修繕積立金が値上げされないか、すごく気になってます。

区分マンション投資では、月々の管理費や修繕積立金の値上げが最もダメージ大きいからね。

❸ 一棟物は設備機器の点検・検査費用が必要！

一棟マンションやビルなどに投資する場合、必ず必要になるのが**定期的な法定点検や検査費用**です。例えば、消防用設備点検、簡易専用水道管理状況調査、昇降機定期検査などです。

また、法定点検以外にも**排水管の高圧洗浄作業**など、定期的なメンテナンスにも費用がかかります。

主な法定点検＆検査

- 消防用設備点検（消防法）

消防用設備（自動火災報知設備、誘導灯、避難梯子、消火器など）の法定点検として、6カ月毎の機器点検と1年毎の総合点検が必要です。

建物の規模や戸数にもよりますが、費用の目安は**3〜10万円/回**です。

- 簡易専用水道管理状況調査（水道法）

受水槽の有効容量の合計が10㎡超の場合、1年毎に1回以上の水質検査と受水槽の清掃が必要です。

費用の目安は**5〜10万円/回**です。

受水槽の有効容量が10㎡以下の場合も、衛生面の問題から定期的な清掃実施は必要です。

- エレベーター（昇降機）定期検査（建築基準法）

月1回の保守点検（内1回の法定点検）の場合、**FM（フルメンテナンス）契約で月額3〜5万円、POG（パーツ・オイル・グリス）契約で月額2〜3万円**（部品交換、修理は実費）です。

また、エレベーターの主要装置の耐用年数が概ね20年程であるため、20〜25年で全撤去交換が必要となり、費用は概ね**1,200〜1,500万円**と高額です。

❹ 管理料は業務内容次第！

不動産業者に管理を委託する場合に必要なのが**管理料**です。

管理料に関しては、7日目でも詳しく説明しますが、管理形態や委託業務によって、**家賃収入の3%～7%が必要**となります。

また、戸建てや区分マンションの場合、管理範囲が限定されるため、1室単価（3,000円～5,000円）で委託することが多いです。

❺ 修繕費は物件によって大きく変わる！

不動産投資では、購入時、運営時の屋根、外壁、内装、水回りなどの修繕費の有無によって、大きく収益が左右されます。

購入前に把握できている修繕費に関しては、その費用を考慮して購入価格を交渉することが可能です。

退去に伴う内装費や急な設備機器の故障など、計画が立てにくい**修繕費は収益率に大きく影響する出費**となります。

修繕費に関しては、**過去の修繕履歴、設備機器の経過年数**など可能な限りの情報を収集し、その上で一定の修繕費が必要になる前提でシュミレーションを組むことになります。

一棟マンション

外壁塗装、屋上防水、鉄部塗装など、特に高額な修繕費が必要な箇所に関し、現況と過去の修繕履歴を把握した上で、**工事実施の必要性を予測**します。中長期での工事実施計画を立てておくことが大切です。

一戸建て

外壁、屋根、建物内など、マンションと比較し**修繕費が高額となる傾向**があります。特に、雨漏りやシロアリ被害が発生すると、想定外の出費となります。低額の築古戸建ては高利回り物件が多いのですが、将来的な高額出費に備えてお金を蓄えておくことが必要です。

区分マンション（ファミリー）

入居者の定着率が高いのが特徴ですが、**長期の契約者が退去することで、数百万単位の内装費が必要**になるリスクがあります。キッチン、浴室、洗面所など水回り設備や給湯器などの年式、型番、交換時期をチェックし、退去時の内装費を予算組みしておきましょう。

区分マンション（ワンルーム）

一戸建てや区分マンション（ファミリー）と比較し、1室あたりの内装費は最も安価ですが、単身者が多いため**入退去の頻度が高い**のが難点です。

特に、依頼頻度の多い洗い屋さんやクロス屋さんは、手頃な価格で腕の良い職人、工務店を見つけておくとよいでしょう。

1-05 不動産投資ではキャッシュフローが最重要！

利回り計算、不動産投資で必要になる費用を理解できたところで、次が最も大切な**キャッシュフロー**だよ。

キャッシュフローなら分かります！ 赤字や黒字かを判断する利益ですよね。

高雄くん、焦らず池田先生の説明を聞こう(笑)

■ キャッシュフローは実際に「手元に残るお金」

不動産投資において**最も重要な指標がキャッシュフロー**です。

キャッシュフローとは、受け取るお金と支払うお金（キャッシュ）の流れ（フロー）のことです。

不動産投資においては、家賃収入から運営経費や融資の返済額、税金などを差し引いて、**実際に「手元に残るお金」**のことをいいます。

投資であるからには「利益」を上げることが大前提です。

キャッシュフローは手元に残るお金

家賃収入 月額50万円 － 月額支出 30万円 ＝ キャッシュフロー 20万円

・税金　・専門家への報酬　・保険料　・仲介料や広告費
・諸費用　・管理委託費　・修繕費　・ローン返済　など

不動産投資の利益の上げ方には、物件の売却益（キャピタルゲイン）を狙う方法もありますが、毎月、**確実に家賃収入を得る（インカムゲイン）ことで資産を構築し、拡大することが重要**です。

　副業などで1件目からスタートして、2件目、3件目と投資規模を拡大していくには現金が必要です。

　設備の故障や災害復旧など突発的な支出にも現金が必要です。

　計画的に修繕工事を実施し、資産価値を高め将来的な空室リスクに備えるにも現金が必要です。

　そして、あなた自身の不動産投資の目的を達成するにもキャッシュフローは重要な意味を持つのです。

不動産投資では、帳簿上では利益が出てるのに、手元にお金を残せずリタイヤする人がいるんだけど、どうしてか分かる？

よく分かりませんが、何か会社の黒字倒産のイメージと似てますね。

帳簿上の利益とキャッシュフローの仕組みを理解することで納得できるよ。

■帳簿上の利益とキャッシュフローは別物である

　不動産投資では、帳簿上ではしっかり利益が出ているのに、手元に現金を残せず、途中で行き詰ってしまう人がいます。

　その多くは、「**帳簿上の利益**」と「**キャッシュフロー**」の仕組みを混同し、賃貸運営で必要とされる適切な対応がなされていないことが原因です。

　「帳簿上の利益」も「キャッシュフロー」も、「家賃収入から経費を差し引いて残るお金」という考え方は同じです。

　しかし、それぞれの計算目的が異なるので、不動産の購入価格や経費に対する考え方や取り扱いに大きな違いがあります。理解しやすいようにそれぞれの計算式で説明しましょう。

❶ 帳簿上の利益

> 家賃収入－経費（運営経費 + ローンの利息 + 減価償却費）⇒ 税金の計算

❷ キャッシュフロー

> 家賃収入－支出（運営経費+ローンの元本・利息 + 税金（所得税・住民税））

帳簿上の利益にはローン元本と税金が含まれない

　❶**帳簿上の利益**とは、**「家賃収入」**から**「経費」**を差し引いた数値（ここでは「所得」とします）です。この所得に税率を乗じた数値が、キャッシュフローを計算する上で必要になる**税金（所得税・住民税）**となります。

　そして、所得を計算する場合、不動産投資の運営経費とともに、ローンの利息（元本は含まず）と**「減価償却費」も経費として計算**します。

　減価償却費とは、建物のように時間の経過とともに価値が減少する資産（償却資産）を購入した際に、価値の減少分を一定期間に分けて経費計上するものです。

キャッシュフローは収入から経費、ローン、税金を引いた金額

　❷**キャッシュフロー**とは、**「家賃収入」**から実際に発生した**「支出」**を差し引いて**実際に手元に残るお金**です。

　したがって、ローンの利息だけでなく元本も家賃収入から差し引きます。また、所得を基に計算した税金（所得税・住民税）も差し引かれます。

　キャッシュフローの計算上で注意が必要なのが**減価償却費**の取り扱いです。

　減価償却費に関しては、帳簿上では経費として扱われますが、**実際に支出するお金ではないため差し引きしません**。

❖POINT❖ ここが違う！ 経費に含むor含まない

	ローンの元本	減価償却費	税金（所得税・住民税）
帳簿上の利益	含まない	含む	含まない
キャッシュフロー	含む	含まない	含む

※運営経費とローンの利息は、いずれの計算でも経費に含む

■ 減価償却と法定耐用年数を理解しよう

帳簿上の利益とキャッシュフローの仕組みが理解できたところで、**減価償却費**について詳しく説明しましょう。

前述のとおり、減価償却費とは、**償却資産（建物など）を購入した際に、一定期間、価値の減少分を会計上の経費として計上できるお金**です。

したがって、古くなって価値が下がることのない**土地は償却資産ではなく、減価償却の対象外**です。

減価償却費を計算する上では、売買価格を「建物価格」と「土地価格」に分けることが必要になります。

一般的には、土地、建物の**固定資産税評価額に基づき按分**することになります。

固定資産税評価額は、役所で取得できる「**評価証明書**」や所有者の手元に届く「**納税通知書**」で確認できるので、物件情報の提供元である不動産業者や所有者に協力してもらうと計算がスムーズにできます。

次に、減価償却費を経費計上できる「**期間**」に関しては、減価償却の算定基準として財務省令で定められた「**法定耐用年数**」を使用します。

法定耐用年数は、建物（用途：住宅）の構造別に次のように定められています。

❶ 新築物件の場合

建物の構造別の法定耐用年数（住宅用）

- 軽量鉄骨プレハブ造（骨格材の肉厚が肉厚3mm以下）：19年
- 木造：22年
- 軽量鉄骨プレハブ造（骨格材の肉厚が肉厚3〜4mm）：27年
- 重量鉄骨造（骨格材の肉厚が肉厚4mm以上）：34年
- 鉄筋コンクリート造：47年

❷ 中古物件（一部経過）の場合

> 法定耐用年数 ＝ （法定耐用年数（新築） － 経過年数） ＋ 経過年数 × 20％

❸ 中古物件（全部経過）の場合

> 法定耐用年数 ＝ （法定耐用年数（新築）） × 20％

※小数点以下（1年未満）は切り捨て、2年未満は2年を耐用年数とします。

　対象物件の**建物価格**と**法定耐用年数**が求められたら、**減価償却費**の計算です。

　減価償却費は次の計算式で求めます。

> 減価償却費 ＝ 建物価格 ÷ 法定耐用年数

＜具体例＞

固定資産税評価額：1,500万円（土地：900万円、建物：600万円）、
売買価格：3,000万円、鉄筋コンクリート造（築21年）

❶ 建物価格と土地価格に分ける
　　建物：3,000万円×600/1,500＝1,200万円 ⇒ 減価償却
　　土地：3,000万円×900/1,500＝1,800万円

❷ 法定耐用年数を計算する
　　法定耐用年数：(47年－21年)＋21年×20％＝30年

❸ 減価償却費を計算する
　　減価償却費＝1,200万円÷30年＝40万円

　計算の結果、この物件は、1年あたり400,000円を減価償却費として計上できることが分かりました。

■ 所得税と住民税の仕組みを教えてください！

直樹くんは、源泉徴収票で所得税額をチェックしたことあるよね？

不動産投資を始める前は意識したことなかったですが、今はしっかりチェックしてます！

減価償却費が理解できたら、次は**税金（所得税・住民税）**の計算です。

不動産投資との関係で考える場合、所得税は不動産所得のみの人、会社に勤め副業で不動産投資をする人など、人によって所得税の計算根拠となる「所得」が異なります。

例えば、サラリーマンの人が副業で不動産投資をする場合、**課税所得**（給与所得－所得控除）に**不動産所得**を加えたものが「**所得**」となり、一定の税率を乗じた金額が**所得税**となります。

所得税の**税率**は、**5％から45％**の7段階に区分されており（分離課税のものを除く）、国税庁ホームページで公表されている次の早見表を基に税額を計算し、**住民税（税率10％）**を加算したものが、**税金（所得税・住民税）**となります。

所得税税額表

課税される所得金額	税率	控除額
1,000円　〜　1,949,000円	5%	0円
1,950,000円　〜　3,299,000円	10%	97,500円
3,300,000円　〜　6,949,000円	20%	427,500円
6,950,000円　〜　8,999,000円	23%	636,000円
9,000,000円　〜　17,999,000円	33%	1,536,000円
18,000,000円　〜　39,999,000円	40%	2,796,000円
40,000,000円以上	45%	4,796,000円

1-06 キャッシュフローを計算してみましょう

高雄くん、実際にキャッシュフローを計算してみよう！

いよいよですね！　何かドキドキします！

大丈夫だよ！僕でも計算できるから（笑）

＜具体例＞

〔売買価格〕	3,000万円
〔家賃収入（満室時）〕	年間240万円（月額20万円×12カ月）
〔融資額〕	2,700万円（自己資金：300万円）
〔返済期間〕	30年（金利2.0％、元利均等返済）
〔年間返済額〕	119.7万円
〔返済元本〕	66.3万円/年
〔返済利息〕	53.4万円/年
〔年間経費〕	48万円（家賃収入×20％）
〔所得税率〕	5％
〔住民税率〕	10％
〔減価償却費〕	40万円

前提条件として、年間経費を家賃収入の20％、不動産所得のみ（所得税率5％、住民税率10％）のケースを想定しています。

また、考え方を理解しやすくするため各種控除は考慮しておりません。

❶ 帳簿上の利益を計算し、「所得」を求める

〔家賃収入〕　〔年間経費〕　〔利息〕　〔減価償却費〕　〔所得〕
240万円 −（48万円 + 53.4万円 + 40万円）= 98.6万円

❷ 所得から、税金（所得税・住民税）を求める

〔所得税〕　　　　　　〔住民税〕　　　　　　〔所得税・住民税〕
(986,000円×5%) +（986,000円×10%）= 147,900円 ≒ 14.8万円

❸ 「キャッシュフロー」を計算する

〔家賃収入〕　〔年間経費〕　〔年間返済額〕　〔所得税・住民税〕　〔キャッシュフロー〕
240万円 −（48万円 + 119.7万円 + 14.8万円）= 57.5万円

　計算の結果、この物件は、キャッシュフローが年間で57.5万円、月額で4.8万円であることがわかりました。

実際にキャッシュフローを計算してみると、より現実味があるだろう？

年間57.5万円、月額4.8万円のキャッシュフローなら、まずまずですね！

安心するのはまだ早いよ。本当に大丈夫か健全性をチェックしてみよう。

　不動産投資をする上で、キャッシュフローがいくら残るかは非常に重要な指標であり、マイナスになるような物件は決して購入してはいけません。
　しかし、マイナスではないまでも本当にその金額で大丈夫なのか、継続的に安定収入を得ることは可能なのかといった**投資の健全性**を確認することが大切です。

■営業純利益（NOI）は物件の収益性の指標！

　営業純利益（NOI：NET Operating Income）は、**年間収入（家賃収入）から年間支出（運営経費）を差し引いた数値**で、次の計算式で求めます。

> 営業純利益（NOI）＝ 年間収入（家賃収入）－ 年間支出（運営経費）

　つまり、年間で家賃収入がいくらあって、管理料や修繕費、水道光熱費など運営経費を差し引いた結果、**どれだけの利益が上がったか**という「**物件の収益性**」を判断する指標が営業純利益（NOI）です。

　営業純利益（NOI）からローン返済額と税（所得税・住民税）などを差し引いた数値が、最終的に手元に残る現金（キャッシュフロー）になります。

　先の物件の場合で、営業純利益（NOI）を計算してみましょう。

> 営業純利益（NOI）＝240万円 － 48万円 ＝ 192万円

■債務回収比率（DCR）で不動産投資の健全性を確認！

　債務回収比率（DCR:Debt Coverage Ratio）は、**営業純利益（NOI）の年間返済額に対する比率**で、**不動産投資の健全性・安全性**を示す代表的な指標です。

　債務回収比率（DCR）は、次の計算式で求めます。

> 債務回収比率（DCR）＝ 営業純利益（NOI）÷ 年間返済額

　簡単に言うと、債務回収比率（DCR）とは、融資する金融機関の立場で確実に返済を受けられるかを判断する指標です。

　多くの金融機関では**債務回収比率（DCR）1.2以上**を基準としており、この数値を下回ると融資は困難、**1.3～1.5以上**であれば、**健全で安全性が高い**と判断されます。

　先の物件の場合で、債務回収比率（DCR）を計算してみましょう。

> 債務回収比率（DCR）＝192万円 ÷ 119.7万円 ＝ 1.6

計算の結果、債務回収比率（DCR）が1.6となり、健全で安定性が高い投資であることが分かりました。

債務回収比率（DCR）で計算しても健全でしたね！
安心しました！

空室にならなければね！

その通り！　将来的な空室リスクも考えて計算してみよう。

＜具体例＞

空室率（入居率）10％（90％）の場合でキャッシュフロー＆DCRを計算しよう。なお、年間経費は空室率（入居率）を考慮した家賃収入の20％（240万円×90％×20％＝43.2万円）と想定します。

〔家賃収入〕　　〔年間経費〕　〔利息〕　〔減価償却費〕　〔所得〕
(240万円 × 90％) － (43.2万円 + 53.4万円 + 40万円)＝79.4万円

〔所得税〕　　　　〔住民税〕　　　　〔税合計〕
(794,000円×5％) + (794,000円×10％)＝119,100円≒11.9万円

〔家賃収入〕　　〔年間経費〕　〔年間返済額〕〔所得税・住民税〕〔キャッシュフロー〕
(240万円 × 90％) － (43.2万円 + 119.7万円 + 11.9万円)＝ 41.2万円

営業純利益（NOI）＝ 240万円×90％－43.2万円＝172.8万円
債務回収比率（DCR）＝172.8万円÷119.7万円＝1.4

計算の結果、空室率（入居率）10％（90％）の場合も、債務回収比率（DCR）1.4となり、健全で安全性が高い投資であることが分かりました。
　金融機関は融資審査において、**空室率（入居率）10％（90％）** を基準することが多く、融資も検討可能であることが確認できました。

1-07 減価償却の盲点「デットクロスに気をつけろ！」

帳簿上では黒字なのに、**手元に現金が残らない理由**は分かったかな？

減価償却費とローン、あと税金ですね。実際に計算してみて理解できたような気がします！

■ デットクロスに気をつけろ！

帳簿上の利益とキャッシュフローの仕組みを理解し、投資の健全性をチェックできたところで、先ほどの**「帳簿上は黒字なのに、手元に現金が全く残らない」**という不動産投資で陥りがちな盲点を紐解いてみましょう。

❶ 帳簿上の利益

家賃収入－経費（運営経費＋ローンの利息＋減価償却費）⇒ 税金の計算

❷ キャッシュフロー

家賃収入－支出（運営経費＋ローンの元本・利息＋税金（所得税・住民税））

ローン返済元本が大きいと現金が残らない

まず考えられるのが、年間の**ローン返済元本が大きい**ことにあります。

帳簿上では利息のみを経費としてみますが、実際には、**ローンの元本を含む返済総額が年間支出として計算**されます。

フルローンやオーバーローンなど過剰な融資利用がキャッシュフローを圧迫するのは当然のことです。

返済元金が減価償却費を上回るデットクロス

次に考えられる原因が**減価償却費**です。

減価償却費は、実際に手元から支出するお金ではありませんが、年数に応じた価値の減価分を経費として計上できるものであり、不動産投資をする上では節税効果が高くメリットの多い処理です。

しかし、一方で大変危険な盲点となることがあります。それが「デットクロス」です。

デットクロスとは、返済元金が減価償却費を上回ってしまう状態をいいます。

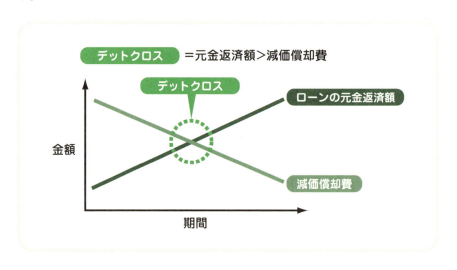

例えば、建物価格1,000万円、築25年の木造アパートの場合、既に法定耐用年数（22年）を超えてしまっているため、会計上の法定耐用年数は4年（22×20％）となります。

したがって、購入後4年間は毎年250万円（1,000万円÷4）ずつ経費計上できますが、5年目以降は完全に減価償却費が0になってしまいます。

結果、返済元金が減価償却費を上回る「**デットクロス**」が発生し、**更に返済が進むにつれ、会計上の経費計上できる利息部分も減少します。**

この状態になると、**所得と税金（所得税・住民税）の増加**によってキャッシュフローが圧迫され、「帳簿上では黒字であるにもかかわらず、手元に現金が残らない」という危険な状態に陥ってしまうのです。

これが、不動産投資家が警戒する「**デットクロスに気を付けろ！**」です。

減価償却は有利な面も多いけど、危険な盲点でもあるんですよね。

そう！ 盲点を学ぶことで、確実にキャッシュフローを増やす方法が見えてくるよ。

■キャッシュフローを増やす方法

不動産投資にとって最も重要なキャッシュフローを増やす方法、また、減価償却の終了に伴うキャッシュフロー減少に対する対策をまとめてみました。

融資実行時
・低金利の融資を組む　・長期間の融資を組む　・自己資金を増やす
減価償却終了時
・低金利の融資に借り換える　・繰り上げ返済を行う
運営期間中
・運営経費を節減する

ご覧頂いた通り、運営期間の経費の節減以外は、**全て金融機関との融資条件に関わる内容**です。

それくらい、融資条件のキャッシュフローに与える影響は大きく、高額融資になるほど顕著に表れます。

特に、金利に関してはしっかりと押さえておきたい項目です。

不動産投資では、25年～30年という長期の融資を利用する場合が多いのですが、仮に5,000万円を30年間、金利2.0%と3.0%で借入れた場合で比較すると次のようになります。

借入額：5,000万円
返済期間：30年　元利均等返済
金利2.0%　毎月返済額：184,809円　返済総額：66,531,240円
金利3.0%　毎月返済額：210,802円　返済総額：75,888,720円

このように、金利1.0%の違いで、毎月返済額は25,993円、返済総額では何と9,357,480円もの差が生じることが分かります。

高額での借入れになるほど、金利の与える影響は大きく、新規借入れ時はもちろん、返済途中（減価償却終了時など）における**融資条件の見直し（金利引下げ）の経済的効果が大きい**ことは覚えておきましょう。

減価償却の終了時に売却を検討

また、**減価償却終了時に売却を検討する**のも戦略の1つです。

先の木造アパート（築25年）の場合、毎年250万円×4年間の減価償却による節税効果を利用した上で、売却益を狙うのです。

実際、法定耐用年数超えや残り期間が短い物件ばかりを買い取り、短期で売却益を狙うプロの投資家がいるほどです。

しかし、ここで注意しておきたいのが**売却時期**です。

不動産の譲渡所得は、所有期間5年以下の「**短期譲渡所得**」と5年超の「**長期譲渡所得**」で税率が次の通り2倍近く異なります。

この物件の場合、4年間の減価償却終了後、即売却すると短期譲渡所得となるため、**5年を超えてからの売却を検討**すべきです。

短期譲渡所得（所有期間5年以下）：39%（所得税30%、住民税9%）
長期譲渡所得（所有期間5年超）：20%（所得税15%、住民税5%）

※令和19年12月31日までに生ずる所得に対しては、復興特別所得税（基準所得税額×2.1%）が課税されます。

これから不動産投資を始める人は、短期売却益を狙う投資はお勧めしませんが、常に減価償却費と終了時期を意識した対策を講じることが重要です。

1-08 不動産投資と融資の基礎知識（その1）

高雄くんは、融資を利用した不動産投資を考えてるのかな？

そうですね。今まで蓄えたお金を全て投資に回すのは不安があるので、できればローンを利用したいと考えてます。

■ 融資利用のメリット＆デメリット

　不動産投資には、自己資金だけで低額物件（ワンルームマンション、築古戸建てなど）を購入する投資もあれば、**融資を利用することでレバレッジを利かし、投資規模、所有資産を拡大する投資手法**もあります。

　住宅ローンを利用してマイホームを購入する場合と違って、一定の利益を得ることが不動産投資の前提となるため、メリットとデメリットを十分に理解した上で融資利用の有無や融資条件を決定することが大切です。

《メリット》
◎レバレッジを利かすことが可能である
◎緊急時対応のために手元資金を温存できる

《デメリット》
◎返済期間中、継続的に利息の支払いがある
◎キャッシュフローが圧迫される

融資利用のメリット＆デメリットが重要です！

■ 不動産投資で使える2種類の融資

不動産投資で利用する融資には次の2種類があります。

> ❶ アパートローン
> ❷ プロパーローン

❶ アパートローン（パッケージ型）

不動産投資で最も一般的なローンです。資金使途が不動産投資に限定されており、申込者の年収や既借入、不動産評価によって融資限度額が判断されます。

> 《メリット》審査期間が短い、審査が通りやすい
> 《デメリット》金利が高め（2%〜4%）、融資限度額が低い

❷ プロパーローン（オーダーメイド型）

資金使途が不動産投資に限定されず、設備投資や運転資金など多種多様な事業に対応しています。

アパートローンと比較し審査の難易度は高いものの、申込者の属性や不動産投資の実績次第では、低金利での高額融資も可能となります。

> 《メリット》案件次第で低金利が可能（1%〜3%）、融資枠が大きい
> 《デメリット》審査期間が長い、初心者にはハードルが高め

不動産投資をこれから始める人は、審査が通りやすいアパートローンからスタートして、実績を積み重ね、プロパーローンにチャレンジしてほしいと思います。

アパートローンとプロパーローンの特徴、メリット＆デメリットを掴んでおこう！

■ 初心者でも利用できる金融機関がある

　不動産賃貸業（不動産投資）で利用できる金融機関としては、**メガバンク（都市銀行）**、**地方銀行**、**信用金庫**、**信用組合**などがあります。

　金融機関と聞いて最初に思い浮かぶのは、主要都市の駅前にあるメガバンクや給与振り込みなどで利用している地方銀行ではないでしょうか。

　しかし、住宅ローン同様、金融機関にはそれぞれ特徴があり、初心者が融資条件も含め色々と相談しやすいのは**信用金庫**や**信用組合**です。

　信用金庫や信用組合は、会員や組合員の出資によって地域の繁栄を目指す、「相互扶助」を目的とした非営利組織です。居住地や物件所在地が信用金庫や信用組合の営業エリア内にあれば、初めてでも融資相談ができる可能性が高いです。

　メガバンクや地方銀行と比べると金利は少し高めにはなりますが、最初は手堅く不動産投資の実績を重ね、金融機関との信頼関係構築を図ることが大切です。

メガバンク（都市銀行）　〔金利〕1％〜2％
対象者、物件所在地など制限なし。金利は低い（1％〜2％）が、初心者には難易度が高いのが特徴。

地方銀行　〔金利〕2％〜4％
地域の企業や個人事業主を対象に、本店所在地（都道府県）の物件を取り扱う。メガバンクより少し金利が高い（2％〜4％）のが特徴。

信用金庫　〔金利〕2％〜5％
地域の企業や個人事業主を対象に、営業エリア内の物件を取り扱う。メガバンクや地方銀行より金利は高い（2％〜5％）が、初心者でも融資を受けやすいのが特徴。

信用組合　〔金利〕2％〜5％
組合員を対象に、営業エリア内の物件を取り扱う。メガバンクや地方銀行より金利は高い（2％〜5％）が、信用金庫同様、初心者でも融資を受けやすいのが特徴。

政府系金融機関（日本政策金融公庫・商工組合中央金庫）　〔金利〕1％〜3％
国の政策の下、設立された特殊法人。民間の金融機関では融資しにくい中小企業などを対象に融資を行う。地域制限はなく、金利も低い（1％〜3％）のが特徴。

ノンバンク　〔金利〕3％〜8％
融資業務のみを専門で行う企業。他の金融機関と比較して金利は高い（3％〜8％）が、担保を重視するため、他の金融機関で融資対象外とする案件でも相談可能。

1-09 不動産投資と融資の基礎知識（その2）

池田先生、固定金利と変動金利のどちらを選んだら有利でしょうか？

初心者が安定性を重視するなら固定だね。でも、変動よりも金利が高いから、利益が出るかしっかり計算した上での判断になるね。

■ 固定金利と変動金利どららを選ぶべきですか？

金利の種類としては、❶固定金利と❷変動金利があります。それぞれの特徴、メリットとデメリットを理解した上で決定しましょう。

返済途中での条件変更や他行での借り換えも可能ですが、高額な手数料が必要になることがあるため、融資実行時における慎重な選択が求められます。

❶固定金利

融資実行から返済終了時まで金利変動がないタイプです。

将来的な金利上昇リスクがなく、完済時における返済総額も確定できるため、安定性の高い賃貸経営が可能ですが、変動金利と比較し**金利が高く、利息負担が大きい**のが特徴です。

> 《メリット》金利変動リスクがない。融資実行時の収支計画が立てやすい。
> 《デメリット》変動金利よりも金利が高い。利息負担が大きい。

❷ 変動金利

一定期間ごとに金利が見直されるタイプです。

固定金利と比較して金利が低いのが特徴です。変動金利は、短期プライムレート（金融機関が優良企業向けに行う1年未満の短期貸出に適用する最優遇金利）の影響を受けるため、金利下落時には恩恵がありますが、**金利上昇時には利益が圧迫される危険性**があります。

> 《メリット》**固定金利よりも金利が低い。**
> 《デメリット》**金利上昇がある。収支計画が立てにくい。**

■ 返済方法は元利均等と元金均等から選択する

金利の種類の次は返済方法ですね。

そう！ 金利の種類と返済方法は必ずセットで理解しておこう！

ローンの返済方法には、次の2種類があります。

❶ 元利均等返済
❷ 元金均等返済

どちらの返済方法を選択するかで、毎月のキャッシュフローや返済総額に直接影響するため、内容を十分に理解した上で判断しましょう。

❶ 元利均等返済

元利均等返済は、**毎月の返済額を一定**にし、元金と利息の割合が変化していくタイプです。

返済初期は、元金に対する利息の割合が大きく元金がなかなか減りませんが、返済期間が進むにつれ元金の減少割合が増えていきます。

また、返済額が一定であるため返済計画が立てやすく、安定性の高い返済計画を実現することが可能です。
　一方で、返済初期は返済額に占める利息の割合が大きいため、準資産（資産総額から負債総額を差し引いた金額）の増加ペースが遅く、返済終了時の総支払額は、元金均等返済よりも大きくなるのが特徴です。

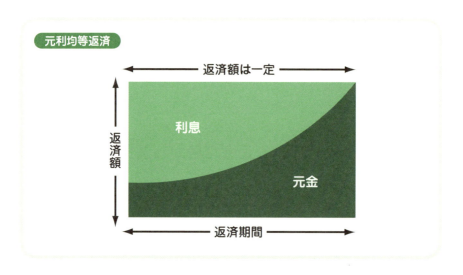

《メリット》返済額が一定で返済計画が立てやすく、経営的に安定性が高い。
《デメリット》純資産の増加ペースが遅く、返済終了時の総支払額が大きい。

❷元金均等返済

　元金均等返済は、**返済額に占める元金の割合が一定**の返済方法です。返済当初は毎月の返済額が大きくなるため、キャッシュフローに余裕がないと赤字になる可能性があります。
　しかし、返済が進むにつれ、着実に元金が減っていくため、元利均等返済と比較し、純資産増加ペースが早く、返済終了時の返済総額が小さいのが特徴です。

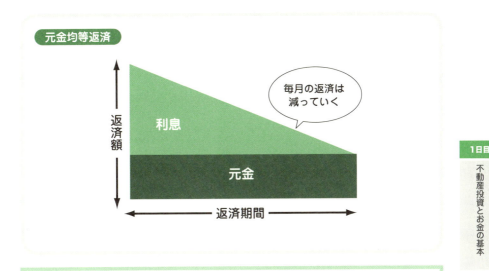

《メリット》準資産の増加ペースが速く、返済終了時の返済総額が小さい。
《デメリット》返済初期は毎月の返済額が大きく、キャッシュフローを圧迫。

■融資利用の健全性は返済比率で求める

金利と返済方法の仕組みが理解できたところで、返済比率も覚えておこう。

固定に変動、元利に元金……メモしときます。

融資利用の健全性を測る指標が返済比率なんだ。

　不動産投資で融資を利用する場合、必ず押さえておきたいのが「**返済比率**」です。
　返済比率とは、家賃収入に占める返済額の割合です。
　不動産投資における健全性の目安は**返済比率50%以下**です。

返済比率が**低い**ほど健全性は**高く**、返済比率が**高くなる**ほど健全性が**低く**、空室や修繕実施によりキャッシュフローが赤字に転落する危険性も高まります。

> 返済比率（％）＝ 毎月の返済額 ÷ 毎月の家賃収入 ×100
> ⇒ 50％以下が目安※

次の物件を返済比率40％の場合と60％のケースで計算してみましょう。

＜具体例＞

一棟収益マンション：家賃収入（満室時）100万円／月
　　空室率（％）＝ 10％（空室損失 ＝ 100万円 ×10％ ＝10万円）
　　月経費＝20％（100万円 × 20％ ＝ 20万円）

(a) 返済比率40％の場合のキャッシュフローは？
　　返済比率40％ ⇒ 毎月の返済額40万円
　　100万円－10万円－20万円－40万円 ＝ 30万円

(b) 返済比率60％の場合のキャッシュフローは？
　　返済比率60％ ⇒ 毎月の返済額60万円
　　100万円－10万円－20万円－60万円 ＝ 10万円

※内容を理解しやすいよう、税金（所得税・住民税）は考慮していません。

このように、返済比率40％では30万円であったキャッシュフローが、返済比率60％になると10万円になってしまいました。

仮に、空室率が20％となるとキャッシュフローは0円になってしまい、設備の故障など急な出費が発生すると完全に赤字になってしまいます。

(c) 返済比率60％、空室率20％の場合のキャッシュフローは？
　　空室率20％ ⇒ 空室損失 ＝ 100万円 × 20％ ＝ 20万円
　　100万円－20万円－20万円－60万円 ＝ 0万円

不動産投資でレバレッジを利かし、投資効果を十分に発揮するためにも、融資利用は有効な手立てであることは確かですが、常に返済比率を考え、余裕あるキャッシュフローを確保することが大切です。

■イールドギャップでレバレッジ効果を測定する

不動産投資で融資を利用する場合に、返済比率とともに覚えておきたい指標が「**イールドギャップ**」です。イールドギャップは、**物件の実質利回りと融資の借入金利の差**で表します。

> イールドギャップ（％）＝実質利回り（％）－融資の借入金利（％）

＜具体例＞

購入価格：2,000万円、年間家賃収入：180万円、年間経費：35万円
購入時諸費用：150万円、融資借入金利：2.5％　⇒　イールドギャップは？

（180万円－35万円）÷（2,000万円＋150万円）×100
　　　　　　　　　　　　＝6.74％（実質利回り）
イールドギャップ＝6.74％－2.5％＝4.24％

イールドギャップが高ければ、融資の借入金利を考慮してもレバレッジ効果が大きく、高い収益性が期待できます。言いかえれば、**利回りが同じであれば、借入金利が低い方が投資効果が高くなる**ということです。

つまり、イールドギャップを計算することで、レバレッジ効果の大きさを測定することができるのです。

■イールドギャップの目安は３％以上

イールドギャップで注意すべき点は、必ず、**実質利回りで計算する**ことです。例えば、築浅物件と経年劣化の進んだ物件では、修繕費など年間経費の比重が異なり、表面利回りと実質利回りとの乖離が、イールドギャップに直接影響するからです。

では、イールドギャップの目安は何％くらいでしょうか。イールドギャップは市場金利の動向により変動しますが、**一般的には３％以上が目安**となります。

先の具体例の場合、イールドギャップの計算上では、「収益性は良好」と判断できます。

ただし、イールドキャップの場合、毎月の現金収支、キャッシュフローの把握ができないため、他の指標とともに確認するのがポイントです。

1-10 不動産投資と出口戦略の考え方を学ぼう

直樹くんは、ちゃんと出口のこと考えてるよね？

出口？入口？……出口ですか？

■不動産投資には必ず「出口」がある

　不動産投資では、毎月着実にキャッシュフローを蓄えることが重要です。同時に、**投資である以上は、利益を上げることが前提となるため、物件の購入、運営の先には、必ず終わり「出口」がある**ことを理解しておくことが大切です。

　苦労して購入した思い入れのある物件でも、収益性が悪く、利益を伴わなければ、早期に売却など**具体的手立て**を講じることが必要です。その判断基準は収益性、資産性であり、個人的な愛着や思い入れではありません。この点が、マイホームとの決定的な違いです。

■不動産投資の成果は「出口戦略」で決まる

　不動産投資で得られる利益は、**インカムゲイン**と**キャピタルゲイン**（38ページ）からなります。

　投資的には、毎月の家賃収入（インカムゲイン）と売却益（キャピタルゲイン）の双方で利益を得ることが理想です。しかし、毎月着実に利益を上げていても、売却を決断する時期や価格を誤れば、致命的な損失を被る危険性があります。

　つまり、不動産投資としての**最終的な成果（利益）が確定するのが出口**であり、**最適な方法（売却など）と適正な条件（時期、価格など）を判断するのが、「出口戦略」**です。

不動産投資では、**物件の購入時から売却時のことを想定し、保有期間中も常に出口戦略を意識した運営を続ける**ことが重要なのです。

＜具体例＞

購入価格：2,000万円、年間家賃収入：138万円、表面利回り：6.9％、
購入時諸費用：160万円、年間経費：40万円、所有期間：5年間、空室率：0％
（注）考え方を理解しやすくするため、減価償却費、所得税などは省略しています。

CASE 1．売却価格：2,300万円、売却時諸費用：90万円の場合
　　＜収入＞・5年間の家賃収入：138万円×5年＝690万円
　　　　　　・売却益：2,300万円－2,000万円＝300万円
　　＜支出＞・5年間の経費：40万円×5年＝200万円
　　　　　　・購入時と売却時の費用：160万円＋90万円＝250万円
　　《成果》（690万円＋300万円）－（200万円＋250万円）＝540万円
　　　　⇒5年間の投資運営および出口戦略により540万円の純利益を得る。

CASE 2．売却価格：1,700万円、売却時諸費用：70万円の場合
　　＜収入＞・5年間の家賃収入：138万円×5年＝690万円
　　　　　　・売却益：1,700万円－2,000万円＝△300万円　※売却損
　　＜支出＞・5年間の経費：40万円×5年＝200万円
　　　　　　・購入時と売却時の費用：160万円＋70万円＝230万円
　　《成果》（690万円－300万円）－（200万円＋230万円）＝△40万円
　　　　⇒5年間で690万円の家賃収入を得たが、出口戦略を誤り40万円の損失。

■「出口戦略」成功の鍵は最適な「方法」&「時期」の見極め

1．最適な出口戦略の「方法」を考える

　不動産投資における出口戦略には、同じ収益不動産としての建て替えや他用途での有効活用などもありますが、最も**一般的な方法が売却**です。
　売却による利益を最大化するには、対象物件の種類や状態を考慮し、**最適な出口戦略の「方法」を見極める**ことが重要です。

❶「収益物件」として売却

　最も一般的な売却形態が、**収益物件のまま売却**する方法です。
　購入希望者も投資目的となるため、空室があれば入居率を上げ、収益性に

よる評価を高めることを検討すべきです。

資産価値向上を目的とした**改修工事も有効**ですが、売却益を最大化するためには、費用対効果を考えた慎重な判断が必要です。

❷ 「実需物件」として売却

戸建てや区分マンション（ファミリータイプ）の場合、**自己居住用の実需物件としての売却**が有効です。

実需物件の場合、収益物件よりも高額で売却できる可能性があるため、賃借人退去のタイミングが狙い目です。リノベーションを実施することで、売却益の最大化を図ることも可能です。

ただし、実需の場合、買手の趣味趣向が強く影響するため、現状での売却の方が有利なケースもあります。

地域的な相場や売却可能価格帯を掴んだ上で、最適な売却方法を選択しましょう。

❸ 「更地」として売却

住宅用地や事業用地としての需要が期待できる物件は、老朽化した建物を取り壊し、**更地にして売却**する方法も検討可能です。

ただし、建物の**解体費用**の他、賃借中であれば、**立ち退き交渉や立退料**も必要となるため、費用対効果が大きく十分な利益が見込める場合や、建物の老朽化が激しく現状での売却が困難な場合などに有効な売却形態です。

2．最適な出口戦略の「時期」を考える

出口戦略では、**実行に移す「時期」**が非常に重要です。

最適な出口戦略の方法を選択しても、実行に移すタイミングを誤っては効果は期待できません。

不動産価格は、市場の動向に大きく左右されます。常に、経済事情や政策の変化を捉え、最適な売却時期を予測することが重要です。

ここでは、出口戦略を検討する上で、絶対に押さえておくべき5つのポイントを解説します。

❶ 長期譲渡所得に移行するタイミング

不動産の譲渡所得は、**所有期間5年以下の短期譲渡所得（税率39％）**と**5年超の長期譲渡所得（税率20％）**で税率が2倍近く異なります。

売却を検討するなら、所有期間が5年を超えてから実行するのが理想です（68ページ）。

❷ 減価償却が終了するタイミング

建物の減価償却費は、所得を計算する上での経費に含まれますが、構造別の法定耐用年数による**償却期間の終了に伴い、所得の増加と税金の増額**を招きます。

不動産投資による節税効果を期待するなら、減価償却が終了するタイミングでの売却を検討しましょう（58ページ）。

❸ デットクロス直前のタイミング

融資を利用している場合、減価償却期間の終了に伴い返済元金が減価償却費を上回る**デットクロスが発生**します。

返済が進むにつれ、会計上の経費計上できる利息部分も減少し、所得の増加と税金の増額を招きます。キャッシュフローの圧迫、収益性の悪化を回避するなら、デットクロス直前での売却を検討すべきです（66ページ）。

❹ 入居者が退去するタイミング

実需物件として売却する方法でも説明した通り、戸建てや区分ファミリーの場合、実需を狙うことで売却益の最大化が図れます。

更地として売却する場合も同様です。**空室状態での出口戦略**の選択肢（売却、有効活用など）が増える案件に関しては、必ず検討すべきタイミングです。

❺ 大規模修繕が必要となるタイミング

賃貸運営中は様々な費用が必要です。なかでも修繕費の負担は非常に大きく、外壁、屋上、共用設備など、一棟物の大規模修繕となれば、数百万円から数千万円単位での出費となります。

長期保有を見据えての大規模修繕であれば、資産価値の維持・向上が図れる有効手段ですが、上記の❶から❸のタイミングに該当する場合、売却を検討すべきです。

直樹先輩、出口戦略大丈夫ですか？ 一緒に考えましょう（笑）

正直、毎月の家賃収入しか頭になかったよ。お恥ずかしい限りです。

Column 「オーナーチェンジ物件」のメリット＆デメリット

不動産投資を考える上で必ず理解しておきたいのが、オーナーチェンジ物件の購入に関してです。

オーナーチェンジとは、既に賃貸中の物件を購入する取引形態で、所有権移転と同時に、貸主としての地位、借主に対する権利義務を売主から承継します。

契約戸数が複数の一棟物では、ごく一般的な契約形態となりますが、契約者が一人（一社）となる区分マンションや一戸建ての場合、オーナーチェンジ物件のメリットとデメリットを十分に理解した上で、慎重に判断する必要があります。

オーナーチェンジ物件の最大のメリットは、購入と同時に家賃収入が得られる点です。空室の場合、内装工事や借主募集に通常2～3カ月は必要となり、その間は家賃収入がありません。また、内装工事費、管理会社や仲介業者に支払う手数料（広告料）など、まとまった費用が必要になります。区分マンションの場合、家賃収入の有無に関係なく管理費や修繕積立金を負担することになります。

デメリットは、室内の状態を確認できないことと、借主を選べないことです。

借主が居住中であるため、室内の状態、設備の不具合の有無などが分かりません。また、借主の属性（家族構成や勤務先など）、火災保険の加入の有無など、全て売主や仲介業者からの情報を基に判断することになります。

特に、売主自身もオーナーチェンジで買い受けているような場合、物件や借主に対する情報を十分に把握できておらず、室内を「見ずに買って、見ずに売る」、借主と「会わずに買って、会わずに売る」というケースも少なくないため、買手の立場としては慎重な判断が必要です。

《オーナーチェンジ物件の注意点＆確認事項》

- 借主からの保証金、敷金の取り扱い
- 借主や連帯保証人の属性、変更点の有無
- 家賃滞納の有無、家賃保証会社加入の有無
- 火災保険（借家人賠償責任保険、個人賠償責任保険）加入の有無
- 継続中の相談事項（設備の不具合、家賃の値下げなど）の有無
- 過去の修繕箇所と修繕内容
- 近隣住民とのトラブル、迷惑行為など

2日目

必ずみつかる!
自分に合った不動産投資

2日目は、自分自身のライフスタイルに合った不動産投資の選び方を学びます。少額の自己資金から始められる区分ワンルームや長期安定収入が得られる区分ファミリー、少額出資で高利回りを狙える戸建て投資、最短で投資規模を拡大できる一棟投資など、各投資の特徴、メリット＆デメリットを学び、自分流の投資スタイルを確立します。

高雄くん
印刷会社に勤務する高雄くん。職場の先輩が不動産投資で副収入を得ているのを羨ましく眺める毎日。先輩の紹介で池田先生のもとで勉強することになった。

直樹くん
高雄くんの先輩。かつて、池田先生に不動産投資を学び、現在は区分マンション2室を所有。現在、一棟マンションの購入を目標に、日々、勉強に励んでいる。

2-01 投資するなら「新築」それとも「中古」?

高雄くんは、新築と中古どっちで考えてるのかな?

新築の方が絶対高く貸せるし、資産価値だってすごく高いですよね!

新築プレミアムだね。でも、投資的にはどうかな?

■新築プレミアムは不動産投資では通用しない!?

　不動産投資の種類を考える上で最初に学んでおきたいのは、**新築物件と中古物件の違い**です。
　そもそも「新築」とは、具体的にどのような建物のことをいうのでしょうか。公正競争規約第18条によると、「新築」の定義は
「建築後1年未満であって、居住の用に供されたことのないもの」
となります。
　つまり、建築後、一度も人が住んだことがなくても1年以上経過したものや、建築後1年未満であっても、既に人が住んでいる物件は「新築」ではないことになります。
　よく、「**新築は中古になった瞬間に価格が2割～3割が下がる**」という話を聞くことがあります。なぜ、物件そのものは新築時とほとんど変わらない状態なのに、一気に2割～3割も価値が落ちるのでしょうか。
　また、この2割～3割とは何の値段なのでしょうか。
　その答えが「**新築プレミアム**」です。
　新築プレミアムとは、世間では「**新築ならではの特別の価値**」と解されて

います。

　つまり、新築でしか味わうことのできない、**誰も住んだことのない真っ新な状態に2割～3割増の価値がある**という解釈ですが、今一つ、納得がいきません。

　もっと簡単に考えると、新築プレミアムとは「新築にあって中古にないもの」、つまり、ドライに言うと、**販売価格に上乗せされた費用（利益、販売経費など）が2割から3割**の金額差に該当するということです。

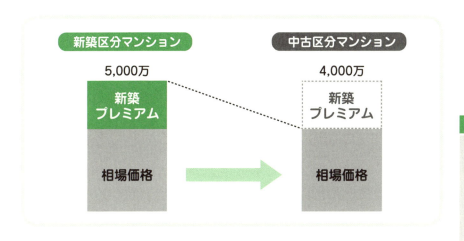

■ 区分マンションは新築よりも良質の中古をねらう！

じゃあ、区分マンションだと新築と中古どちらが投資向きですか？

新築区分は投資向きとは言えないね。低価格で良質な中古がお勧めだよ。

　それでは、新築プレミアムが区分マンション投資にどのように影響するのかを考えてみましょう。

　新築区分の場合、販売価格に2割～3割もの費用が上乗せされているため、**実際の不動産としての評価額よりも高額**になります。

しかし、**上乗せされた費用相応の金額を賃料に反映できるわけではありません**。

また、修繕積立金が販売戦略的に低く設定されているケースもあり、購入後数年程で見直し（値上げ）になると、途端にキャッシュフローが回らなくなります。

しかも、売却処分しようにも、既に新築プレミアムという輝きは色あせ、2割〜3割以上の大幅減額という実態を目の当たりにすることになります。

メリットとしては、新築賃貸マンションとして、周辺の競合物件よりも注目され、**賃料設定が妥当であれば早期で客付けできる**ことです。

また、設備類も築後10年程は大きな問題が起こらないはずですが、この点に関しては、築浅物件やリノベーションした中古物件でも同様であり、**2割〜3割という上乗せされた金額差に相応しいメリットとは言い難い**です。

新築区分マンションと中古区分マンションの比較

	新築区分マンション	中古区分マンション
メリット	内装（住宅設備など）が美麗（新品） 共用部分、共用施設などの劣化がなく美麗 設備不良などが起きにくい（築後10年程度） 賃貸での募集効果が高く早期契約が可能 地域的な家賃相場より高く貸せる	売買価格が安く、安定性が高い 収益性が高い（高利回り） 転売益を出しやすい（ファミリータイプ） 地域、沿線、間取りなど選択肢が多い 管理組合運営の質や将来性が判断しやすい
デメリット	売買価格が高い（新築プレミアムの加算） 収益性が低い（低利回り） 価格下落率が大きい（中古となる2年目以降） 修繕積立金改定リスク（販売時の低額設定） 管理組合運営が不安定	内装費が高額になる（ファミリータイプ） 修繕積立金改定リスク（修繕積立金不足） 大規模修繕未実施（修繕積立金不足） 金融機関の担保評価が低い（旧耐震基準など） 収益性の悪化による信用棄損リスク

中古区分マンションは管理組合の質がポイント

一方、中古区分の場合、**価格**と**管理組合運営の質（将来性）**がポイントです。投資によって利益を出すからには、物件自体が低価格のもので、管理費、修繕積立金などが適正に運用されていることが条件です。

具体的には、管理費に相応しい管理状態が維持されているか、長期修繕計画に基づき修繕積立金が計画的に運用されているかといった点がポイントになります。

よく、ワンルームなどで目にする「総戸数50戸、管理費12,500円、修繕積立金2,500円」といった数字を見て、マンションの将来性に疑問を感じないようでは問題です。

築年数が経過していても、長期修繕計画に基づき計画的に大規模修繕が実施されているマンションは将来性にも期待できます。

ただし、金融機関が融資審査を行う上で最も重視する**「建物の耐震性」**に関しては、必ず確認しましょう。

❖POINT❖ こんな中古区分はNG!

❶ 旧耐震基準の建築物で耐震診断未実施の物件
❷ 耐震診断を実施した結果、強度不足が認められたが、必要とされる補強工事が未実施の物件
❸ 旧耐震基準の建築物で緊急輸送道路沿道沿いの物件

■戸建ては新築よりも低価格の古家再生投資がお勧め！

僕もマンションしか経験ないのですが、戸建ての場合はどうですか？

区分マンション同様、新築戸建ては投資向きとは言えないね。**低価格の古家再生投資なら高利回り**を期待できるよ。

新築戸建ても新築区分マンションと同じ理由で投資的には不向きです。

そもそも、戸建ては投資用ではなくマイホーム用として建築されているため、収益性を伴わないのは当然です。

建売業者も売建業者も居住目的の実需客をターゲットに、建物建築費に利益や経費を上乗せし、顧客の予算や生活上の趣味趣向に応じたオプション工事を用意しているのです。

戸建ての場合、間取りや仕様によりますが、原則、ファミリー世帯がターゲットになるため、契約期間が長く、家賃収入の安定性が高いというメリッ

トはありますが、新築戸建てのように初期投資額が高額になると、収益性が悪くキャッシュフローは残りません。

ただし、立地や間取りなど、民泊や旅館業など宿泊施設として利用可能な物件であれば、家賃収入以上の高収益も期待できます。

中古戸建ての場合も、需要の多い人気の住宅街では、築後15～20年以上経過していても、状態が良ければ結構高額で取引されており、投資よりも実需（自己居住用）向けの物件がほとんどです。

投資目的として考えるのであれば、**低価格で購入できる築古住宅を活用した投資（古家再生投資）が有利**です。

将来的な再建築や売却可能な良質の物件を選び抜けば、利回り15％～20％以上も可能です。

■一棟投資は「成功の鍵」を満たす中古一棟をねらう!

区分マンションも戸建ても新築は投資向きではないのですね。

なるほど！　じゃあ、アパートとかマンション一棟はどうですか？

どうしても初期投資額が大きくなるからね。それは一棟物も同じ。新築にこだわるなら自分で建てるしかないかな。

後ほど詳しく解説しますが、**アパートやマンションなどの「一棟物」は、収益物件としては、空室リスクを分散でき、投資規模を拡大する上でも理想的な投資方法**です。

しかし、投資規模に応じて出資総額も高額となるため現金で買い続けることは難しく、**融資利用が必須**となります。

そこで問題となるのが、やはり購入価格です。

新築一棟の販売価格には、2割～3割の利益や経費が上乗せされて高額と

なるため、満室想定でも低利回りの物件がほとんどです。

したがって、自己資金に余裕がなく、フルローンなど過剰な融資を利用してしまうと、キャッシュフローを残すことが難しくなります。

ただ、新築の場合、当初10年ほどは内装費や修繕費などを抑えることができるため、資金的に余裕があり、長期、低金利など好条件で融資利用ができるのであれば、購入を検討しても構わないでしょう。

新築一棟にこだわるなら土地の仕入から

新築一棟にこだわるのであれば、事業者によって建築された物件を購入するのではなく、**土地を仕入れて自ら建築する方法**で、2割〜3割という費用を圧縮し、収益性の高い投資を実現できる可能性があります。

しかし、不動産業者など確かな土地の情報網があり、信頼できる建設業者や金融機関との取引があること、そして、土地の仕入れから建物竣工、家賃収入が得られるまでの期間をつなげるだけの資金力があることが前提となるため、初心者にはハードルが高いことは間違いありません。

	新築一棟（建売）	新築一棟（自分で新築）
メリット	家賃発生までの期間が短い（建物完成済） 金融機関の融資が受けやすい 建物完成後の状態を確認できる	土地取得費＆建築費の調整が可能 高利回りをねらえる（収益性が高い） 購入時諸費用が安い（仲介手数料⇒土地のみ） 短期での転売益が出しやすい 立地、建築工法、設備仕様などを選択できる
デメリット	売買価格が高い（新築プレミアムの加算） 利回りが頭打ちとなる（収益性が低い） 購入時諸費用が高い（仲介手数料⇒土地建物） 短期での転売益が出しにくい 建築工法や設備仕様などを選択できない	家賃発生までの期間が長い（建築期間） 融資の難易度が高い（つなぎ融資、分割融資） 土地探しや施工業者の選定に労力が必要 建築中の施工業者倒産リスクがある

全ての不動産投資に共通する点として、

❶ 高利回りで確実にキャッシュフローが得られる
❷ リスク分散が図れ安定性が高い
❸ 金融機関の評価が高く融資をうけやすい

ことが「成功の鍵」となるため、一棟投資の場合であれば、全ての条件を満たす**良質の中古一棟を選び抜く**ことが必要になります。

2-02 初心者＆副業なら区分マンション投資

高雄くんは、直樹くんと同じ、区分マンションに興味があるんだったね。

そうなんです。管理員さんもいるし安心ですよね。

　不動産投資初心者にとって、最も容易に始められるのが分譲マンションの1室に投資する**区分マンション投資**です。

　区分マンションにも、ワンルームタイプ（単身者向け）とファミリータイプ（家族向け）がありますが、それぞれの特徴を学ぶ前に、区分マンション投資のメリット＆デメリットを理解しておきましょう。

■区分マンションは運営に手間がかからない！

　区分マンション投資には次のようなメリットがあります。

> - メリット❶　運営に手間がかからない
> - メリット❷　修繕費が安い
> - メリット❸　税金が安い
> - メリット❹　物件の選択肢が幅広く情報量が多い

メリット❶　運営に手間がかからない

　分譲マンションの1室を購入することで、管理組合員の一人になるわけですが、所有するのは**専有部分**と呼ばれるお部屋の部分で、**共用部分**（外壁、階段、廊下、エントランスなど）や敷地は、**管理組合員全員の共有**となります。

　共用部分や敷地に関しては、管理組合から委託された管理会社が管理しているため、マンション内の日常清掃や設備点検などを自ら行う必要はありません。

区分マンション投資で必要になるのは、**賃貸している専有部分の管理のみ**です。

管理内容的にも、室内設備の不具合時の対応の他、毎月の家賃請求や滞納時の督促程度であり、これも家賃保証会社を利用することで、ほぼ心配ありません。

室内のことで、入居者からの相談を受けたり、対応するのが特に苦手ということでなければ、不動産業者に管理を委託せず**「自主管理」することも可能**です。

メリット❷ 修繕費が安い

修繕費に関しては、ワンルームとファミリーとで金額差がありますが、戸建てや一棟物と比較すると総額的に安価です。

共用部分の大規模修繕や設備機器の修繕費、災害による復旧費などは、マンション全体で積み立てている修繕積立金で賄われるため、区分マンション投資で必要になる費用は、**入退去に伴う内装費や室内設備の不具合による修繕費程度**です。

メリット❸ 税金が安い

区分マンションの場合、土地の権利が他の所有者との共有持分になるため、税額算定の基準となる固定資産税評価額に関しては、**建物評価額に比べ土地評価額が低いのが特徴**です。

路線価や土地の持分によって、物件毎に固定資産税評価額は異なりますが、物件購入時に必要となる登録免許税や不動産取得税、所有期間中に課税される固定資産税・都市計画税など税金が安いのが特徴です。

メリット❹ 物件の選択肢が幅広く情報量が多い

区分マンションは、ワンルームとファミリーという間取りによる区分の他、地域、沿線、価格帯など、**物件の選択肢が多く**、一棟物や戸建てと比較し、**情報量が圧倒的に多い**のが特徴です。

特にワンルームの場合、現金での購入が可能な数百万円台の物件が市場でたくさん情報公開されています。

やっぱり、区分マンションはメリットいっぱいですね！

高雄くん、単純だね（笑）

区分マンションにもデメリットと大きな課題があるのを忘れちゃいけないよ。

■ 区分マンションは管理費＆修繕積立金に注意！

区分マンション投資には次のようなデメリットもあります。

> **デメリット❶** 管理費・修繕積立金がキャッシュフローを圧迫する
> **デメリット❷** 共用部の改修工事や建て替えが困難
> **デメリット❸** 空室リスクの分散が最大の課題

デメリット❶ 管理費・修繕積立金がキャッシュフローを圧迫する

区分マンションの場合、必ず**管理費・修繕積立金が必要**です。

特に築年数が古く、戸数の少ないマンションの場合、大規模修繕を実施するだけの蓄えがなく、修繕積立金を値上げする管理組合も少なくありません。

管理費・修繕積立金は毎月のキャッシュフローに直接影響しますが、管理組合で決定されるため自分の意思だけで変更することはできません。

管理会社から入手可能な重要事項調査報告書や総会の議案書・議事録で改定予定の有無をしっかりと確認しておくことが重要です。

また、**定期借地権付きマンション**の場合、物件価格が安いのが特徴ですが、毎月、管理費・修繕積立金以外に**地代**が必要になるため注意が必要です。

デメリット❷ 共用部の改修工事や建て替えが困難

建物の経年劣化や老朽化が進み、景観上の見劣りや機能上の問題など、賃貸募集を行う上で様々な影響が出始めても、**建物の外観など共用部に関しては、自分の意思だけでは改修工事を行うことはできず**、大規模修繕の実施を待つほかありません。

また、建物の老朽化や災害によって建て替えが必要となった場合、**総会における特別決議**によって、区分所有者数の5分の4以上の賛成と議決権の5分の4以上の賛成による決議が必要になります。

デメリット❸ 空室リスクの分散が最大の課題

戸建て投資にも言えることですが、一棟投資の場合と違って、1室のみを運用する場合、**その物件が空室になると完全に収入がなくなってしまいます**。

常に家賃収入があるかないかという「100：0」の状態です。

当然、家賃収入の有無に関わらず、管理費・修繕積立金や固定資産税・都市計画税などの負担は続きます。

空室リスクの分散は、不動産投資を行う上での最大の課題であり、区分マンション投資の場合も、**計画的に所有戸数を増やし、投資規模を拡大することを検討**すべきです。

区分マンション投資では、ワンルームとファミリーを使い分けることで、地域、沿線、価格帯、入居者層など条件面に変化をつけて、リスク分散を図る手立ても有効です。

区分ワンルームVS区分ファミリー徹底比較

ところで、高雄くんの投資したいのは、ワンルームそれともファミリー、どちらのタイプ？

深く考えてなかったです。でも、ワンルームの方が安くて始めやすそうです。

■ 始めやすい区分ワンルームは「利便性」重視！

　ワンルームや1Kタイプは、単独世帯をターゲットにした床面積15㎡～25㎡ほどの大きさで、賃借人の立場から最も重視される内容が**「利便性」**です。

　最寄駅から徒歩圏内にあり、買物施設、飲食店、銀行、病院など生活施設が充実していれば、社会人や学生など幅広い年齢層の単独世帯に対応できます。

　ワンルームの場合、**価格が安い**ため、蓄えがあれば融資を利用せず**現金でも購入が可能**ですし、融資を併用することで、2件目、3件目と投資規模を増やし、**リスク分散を図る**ことも可能です。

　また、ファミリーと比較して、**修繕費が安価である**点も魅力です。

　とにかく、運営に手間がかからないため、初心者でも始めやすい投資です。

> **メリット**
> ❶ 幅広い年齢層の単独世帯に対応できる
> ❷ 価格が安く現金でも購入可能
> ❸ 複数戸購入することでリスク分散可能
> ❹ ファミリーと比較し修繕費が安価

93

■区分ワンルームはキャッシュフローが盲点！

価格が安く、修繕費の負担も少なく、初心者でも始めやすい区分ワンルーム投資。しかし、必ず押さえておくべきポイントがあります。それは、**キャッシュフローが残りにくい**ということです。

固定費負担率が高い！

その理由の1つが、**固定費の負担率の高さ**です。

ワンルームの場合、ファミリータイプと比較し、家賃収入に占める管理費・修繕積立金の割合が高く、賃料の約半分を占めるケースもあります。

理由としては、収益型ワンルームマンションは、総戸数50戸程度の小規模物件が多いため、必然的に1室に対する管理費・修繕積立金の負担が大きくなります。

例えば、月額5万円ほどの家賃収入に対し、管理費・修繕積立金が月額1.5万円であれば、差額は月額3.5万円です。

仮に固定資産税・都市計画税が年額6万円だとすると、月額5,000円（6万円÷12カ月）の負担となり、手元に残るお金は月額30,000円です。

次に、ワンルームの場合、単独世帯がターゲットになるため、**入退去の回転率が高く**、3年から5年、早ければ2年から3年程度で空室が出ます。

一度、空室になると、リフォーム、入居者募集、契約という流れで**家賃発生までに3カ月程は必要**です。

例えば、先の例で3カ月の空室期間があると、その年度は手元に残るお金が30,000円×9カ月＝270,000円となります。

そして、リフォーム費用が15万円、仲介業者や管理会社に支払う広告宣伝費が月額賃料×2.0カ月分の10万円とすると、最終的に手元に残るお金は年額20,000円（270,000円－150,000円－100,000円）となります。

これは、あくまで管理会社に委託せず自主管理している場合です。

仮に管理会社に月額2,000円〜3,000円で管理を委託していたら、手元にお金は残るでしょうか？

このようにワンルーム投資の場合、常にキャッシュフローを意識し、家賃収入に対する**固定費**（管理費・修繕積立金、固定資産税・都市計画税、管理料など）の占める割合と**空室損失**（リフォーム代、広告宣伝費含む）の影響に注意する必要があります。

ワンルームの空室率は厳しめに試算！

特に、**ワンルームの空室率は厳しめに試算しておく**ことが大切です。

なぜなら、ターゲットが**入退去の回転率の高い単独世帯である**ことと、環境重視のファミリーと比較して**競合物件が圧倒的に多い**からです。

また、区分マンションは賃貸マンションよりも「管理状態が良好」というイメージを持たれますが、収益型ワンルームマンションの場合、管理員常駐の物件は少なく、週3日ほどの巡回管理が一般的です。

築年数が経過した物件であれば、周囲に増加し続ける築浅賃貸マンションの影響を受け、空室リスクと家賃下落リスクが高まることを予測しておくことが必要です。

この点は、将来的な売却時にも影響します。

ワンルームの場合、購入者のほとんどが投資目的に絞り込まれるため、競合物件が多いと圧倒的に不利になり、早期で売却を考えるなら価格を下げるしかありません。

> **デメリット**
> ❶ 家賃収入に対する固定経費の負担が大きい
> ❷ 単独世帯がターゲットになるため入退去の回転率が高い
> ❸ 競合物件が多く、空室リスクや家賃下落リスクが高まる
> ❹ 購入者が投資目的に絞り込まれ、価格交渉を受けやすい

地域、沿線etc 条件を変え、広範囲に複数戸を所有することでリスク分散が可能です！

■区分ファミリーは「環境」重視！　郊外でも大丈夫！

　ファミリータイプは、家族向け物件となるため、地域の治安や防災・安全面など、**住まいとしての「環境」が最も重視**されます。したがって、最寄駅から少し距離があったり、郊外でも安定した住宅需要があれば、不動産投資としては検討可能です。

　家族向け区分ファミリー投資の最大の特徴は、高い安定性です。勤務先へのアクセス、子供の学校区などの関係もあり、契約期間が概ね5年〜8年、10年超の物件も珍しくありません。

　また、周辺地域で**競合物件が少ないのも区分ファミリーの強み**です。ファミリータイプ中心の賃貸物件もありますが、地域、沿線、価格帯など同じ条件下での競合物件は絞り込まれます。築年数が経過した物件であっても、管理状態の質やセキュリティの高さなど賃貸物件に勝る要素が多ければ、**"分譲貸しマンション"** としての希少性から、市場でも十分に評価されます。

　あと、**将来的な売却を計画しやすいのも区分ファミリーの特徴**です。これを**「出口戦略」**といいます。オーナーチェンジでの売却はもちろん、入居者退室後、実需客をターゲットに売却することも可能です。

　お金を掛けずに現状で売却したり、売却益アップを目的にリノベーション後に売却したりと、色々と選択肢が考えられます。

> **メリット**
> ❶ 住宅需要があれば郊外でも顧客は獲得できる
> ❷ 入退去の回転が緩やかで、安定性が高い
> ❸ 競合物件が少なく、分譲貸し物件としての希少性が評価される
> ❹ 出口戦略が立てやすく、キャピタルゲインをねらえる

■区分ファミリー投資の課題は価格帯

購入価格が高額になると投資では通用しない

　区分ファミリーは、マイホーム仕様で建築設計されているため、投資目的で活用する場合、**購入価格帯が一番の課題**となります。

　売買価格や物件評価がそのまま賃料に反映されるわけではないため、物件から得られる家賃収入を十分に精査した上で、購入上限額を見極めることが必要です。

修繕費が高額になる

　区分ファミリーは、床面積が広く住宅設備の水準も高いため、**修繕費が高額**になります。

　システムキッチン、ユニットバスなど最新の住宅設備を導入し競合物件と差別化することで、早期成約、稼働率の上昇は期待できますが、**設備投資額に見合う収益が得られるわけではない**ため注意が必要です。

大きな空室リスク、信用毀損の危険性も

　ワンルームと比較し価格が高額となるため、複数戸の購入を検討するなら**融資利用が必要**です。

　所有戸数が1戸となると、空室時は収益はなし、管理費、修繕積立金などの負担は続きます。収益性の悪化によって信用棄損に陥ると、2件目購入時に融資が利用できない可能性もあります。

　区分ファミリー投資を検討するなら、1件目から確実に利益が上がる良質な物件を見極めることが必要です。

デメリット
1. 高額物件を選択すると収益が上がりづらい
2. 床面積が広く住宅設備の水準も高いため、修繕費が高額となる
3. 複数所有によるリスク分散には融資が必須となる
4. 信用棄損に陥ると投資規模が拡大できない

実需層をターゲットにした出口戦略が可能です！

2-04 少額出資＆高利回り狙いなら戸建て投資

高雄くん、最近、問題になってる「空き家問題」のこと知ってるよね。

聞いたことあります！ 人口がどんどん減って空き家が増えてるって。

そう。不動産投資でも空き家を活用した再生ビジネスが注目されてるんだ。

■ 増え続ける空き家とビジネスチャンス

　総務省の「住宅・土地統計調査」によれば、2024年度の全国の空き家数は900万戸で過去最多を記録し、総住宅数に対する空き家率は13.8％にも及ぶことが分かりました。

　空き家数は、前回調査（2018年度）の849万戸より51万戸増加、空き家率は13.6％から0.2ポイント上昇しています。

　深刻化する空き家問題を受け、2015年5月には「**空き家対策の推進に関する特別措置法（空き家対策特別措置法）**」が施行され、放置すれば倒壊など著しく保安上危険であり衛生上有害である空き家を「**特定空き家**」と認定し、自治体から所有者に対する助言または指導、勧告、命令、行政代執行による空き家の撤去ができることになりました。

　特定空き家に認定されると**固定資産税・都市計画税の住宅用地特例（51ページ）**の対象から除外され、**固定資産税が最大6倍の負担**になります。

　また、2023年12月には、管理が不十分で放置すると特定空き家になるおそれのある建物を「**管理不全空き家**」と指定し、特定空き家同様、固定資

産税の軽減対象から除外されることになりました。

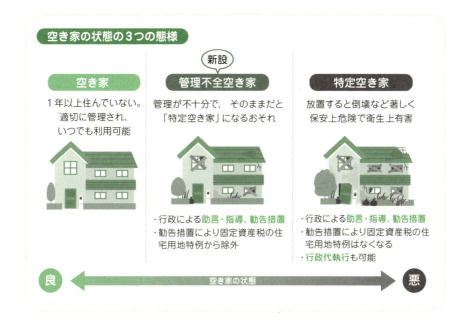

　国土交通省よれば、現存する特定空き家は約2万戸、管理不全空き家は約24万戸とされており、**2024年4月に相続登記が義務化**されたことによって、今後、市場に放出される空き家が急増することが予測されています。

　このような時代背景のもとに、現在、住宅業界や不動産投資業界では、**古家（空き家）再生ビジネス**が急成長しており、その1つがこれから紹介する**戸建て投資（古家再生投資）**になります。

　空き家対策の取り組みとして、様々な自治体が空き家活用で利用できる**補助金・助成金制度**を設けている点も、注目しておくべきポイントです。

❖POINT❖　主な空き家の選択肢
❶ **売却する** ⇒ 現状で売却、改装して売却、更地にして売却
❷ **賃貸する** ⇒ 改装して賃貸、現状でDIY賃貸、駐車場として賃貸
❸ **自己使用** ⇒ 自ら居住する、別荘・セカンドハウスとして利用
❹ **その他** ⇒ 民泊・宿泊施設、地域のコミュニティ施設として活用

■戸建て投資なら少額出資で高利回りが可能!

僕は区分マンション投資を選びましたが、今、**空き家再生**は注目されてますね。

自治体の補助金・助成金制度もあって、今後、有望なビジネスだよ。

戸建て投資（古家再生投資） の最大の魅力は、**安価で購入でき高利回りを期待できること**です。

修繕費はかかりますが、地域によっては100〜200万円台から購入できます。

ターゲットはファミリー層で、ペット飼育者やマンション生活に抵抗のある熱烈な戸建て希望者が一定数確保できるため、いったん契約すると長期で安定収入が得られ、投資額に対する高い収益率も実現可能です。

また、区分マンションと違って、修繕費をかけることで、**時代のニーズに応じた建物に改築することも可能**です。

手先が器用で、DIY（Do It Yourselfの略）が好きな人は、自分で壁紙や床の張替えの技術を学びながら自分好みの家に改築したり、借り手が自由に改装できる**「DIY賃貸」として活用することも可能**です。

将来的な出口戦略としても、色々な可能性が期待できます。

区分ファミリー同様、賃貸中であれば、**オーナーチェンジ物件**として売却し、空き屋であれば、実需客向けにリノベーションして、**売却益（キャピタルゲイン）をねらう**ことも可能です。

建物の老朽化が激しいようであれば、現状のまま「**古家付き土地**」、あるいは、建物を取り壊し「**更地**」として売却することも可能です。

メリット
❶ 物件価格が安く、高利回りも実現可能である
❷ 契約期間が長く、安定性の高い投資が可能である
❸ 建物全体をニーズに応じ、自分好みに改築できる
❹ 出口戦略で複数の可能性が期待できる

■ 戸建て投資の弱点は高額な修繕費！

空き家再生投資は、工夫次第で色々な可能性が期待できるんだよ。

理解できます。DIY賃貸とか借り手のニーズにも応えられますよね。

　戸建て投資の最大のデメリットは、**修繕費が高額**になることです。

　区分マンションと違って、外壁、屋根、給排水設備など**修繕費は建物全体に及びます**。

　特に、低価格で売り出されている物件の場合、築古年で長年空き家状態にあるものも多く、水回り設備を含め何百万円もの修繕費用をかけなければ、人が生活できる状態にできない物件もあります。

　しかも、**雨漏り**や**シロアリ被害**などが発覚すると、購入価格の何倍もの修繕費がかかるケースも少なくありません。

　区分マンションと比べると、**建物や設備に関する苦情や相談も多く**、都度、対応が必要になるため手間がかかります。

　また、築古物件になると、**金融機関の融資が利用しにくい**のもデメリットの１つです。

　したがって、リスク分散を図るには、低価格で修繕費の抑えられる物件を、現金で１件１件地道に増やしていく他ありません。

　また、築古年物件の場合、**違反建築や既存不適格、未接道による再建築不可**、隣地との境界トラブルなど、問題のある物件も少なくありません。

　区分マンションの場合と違って、都市計画法や建築基準法、自治体条例など**「法令上の制限」に関わる専門知識が求められます**。

　正しい専門知識を持たず、現地を繰り返し確認することもなく、収益性だけを追求する投資方法はあまりに危険です。

　築古年物件や空き家を専門に扱う投資家の中には、低価格で高収益を生み出す物件であれば、「違反建築、再建築不可、何でも来い！」とばかりに、どんどん買い集める人もいます。

もともと、不動産としての評価も、税負担も限りなく低い物件であれば、建物が朽ち果てるまで活用し、その後の売却処分で苦戦しようと大きなダメージはないと割り切るのも考え方の1つです。
　しかし、高齢化、人口減少に伴う空き家問題が深刻化するなか、相続となれば、自分の子供や孫にも影響することは頭に入れておくべきです。

> **デメリット**
> ❶ 修繕費が高額。雨漏り、シロアリ被害など想定外の出費の可能性もある
> ❷ 建物や設備に関する苦情・相談が多く、運営に手間が掛かる
> ❸ 築古年物件の場合、金融機関の融資が受けにくい
> ❹ 専門知識がないと問題の多い物件を掴んでしまう危険性がある

戸建て投資では、建築士や工務店など、信頼できるパートナーがいると心強いですよ！

2-05 空室リスクに強い一棟投資

先輩家主さんから、最終的には一棟投資を考えるべきだと言われるのですが。

最も投資規模を拡大しやすく、最も効率的なリスク分散ができる方法が**一棟投資**なんだよ。

■一棟投資なら投資規模を最短で拡大できる!

　不動産投資の最大の魅力であるレバレッジを効かせ自己資金の何倍もの利益を得る方法が**一棟投資**です。

　投資規模が大きいため、投資額は高額となりますが、**最も得られる利益(リターン)が大きい投資**です。

　区分マンションや戸建て投資と大きく異なる点は、一棟を所有するごとに数十戸単位で所有戸数を増やし、**投資規模を最も早く拡大できる**ことです。

　その理由の1つが不動産としての**資産価値の高さ**にあります。数十坪、数百坪という広い土地と常に利益を生み出す建物の存在は、**金融機関の立場からも評価が高く、融資を受けやすい**のです。

　また、不動産投資の最大のリスクである**空室リスクを効率的に分散できる**点も一棟投資の強みです。

　仮に、10室からなるアパートやマンションを一棟所有した場合、1室空室が出ても空室率は10%、2室が空室となっても空室率は20%です。

　あらかじめ少し厳しめの空室率を予測したシュミレーションをしておけば、**安定性の高い投資運営を実現することが可能**となります。

　将来的な空室対策として、室内はもちろん、外壁、屋根、廊下、階段、エントランスなど**建物全体を、大規模に改修して周辺の競合物件と差別化を図ることも個人の裁量で可能**です。

> **メリット**
> ❶ レバレッジを効かし、投資規模を最も早く拡大できる
> ❷ 不動産としての資産価値が高く、金融機関の融資を受けやすい
> ❸ 効率的に空室リスクを分散できる
> ❹ 自分の意思と裁量で修繕＆改修が可能である

■一棟投資は最も魅力的だがリスクも大きい！

一棟投資なんてすごく勇気がいりますよね。でもメリットが多いのは魅力です。

投資規模が大きい分、リスクもあるよ。しっかりとした知識を学ばないとね。

　一棟投資では、投資規模に応じ相応のリスクがあります。
　まず、他の投資に比べて、**物件購入時や運営中に必要となる資金が高額**です。仮に1億円のマンションを融資利用で購入する場合、自己資金が1割としても1,000万円必要です。
　運営中も、毎年課税される固定資産税の他、火災保険料、水道光熱費、設備機器の定期点検やメンテナンス費用、管理会社に管理業務を委託するのであれば毎月の管理料も必要です。
　入退去に伴う内装費に加え、建物全体で必要になる修繕費も高額です。外壁、屋上など計画的に実施する大規模修繕の他、災害による復旧費用も蓄えておく必要があります。
　周辺に競合物件が増え、空室の増加や家賃の下落が生じる可能性や、災害や事件事故（自殺、他殺など）の被害を受ける危険性もあります。
　特に、事件事故が起こってしまった場合、その影響は建物全体に及ぶため、保有し続けるにも、処分するにも経済的損失は相当なものになります。
　一棟物の場合、規模が大きく価格が高額であるため、空室率が高い物件や事件事故の被害を受けた物件は、売主の希望する好条件で買手がつく可能性は低く、売却処分できるまでに時間がかかります。

売却できても、融資の残債務弁済のため、資金の持ち出しをせざるを得ない可能性もあります。

> **デメリット**
> ❶ 購入時＆運営中の必要資金が高額となる
> ❷ 事業失敗による経済的損失が大きい
> ❸ 事件事故による損失が建物全体に及ぶ
> ❹ 売却処分に時間がかかる

安定収入のある人
※年収の10倍を融資上限とする金融機関が多い。

短期間で投資規模を広げたい人

勤勉＆努力家＆経営者気質の人
・管理会社に対する指示、監督
・情報収集＆新規開拓
・金融機関＆専門業者との折衝

高収益を得たい人

一棟投資の場合、副業とか、不労所得といったイメージではなく、立派な賃貸事業ですよね。

その通り！ 不動産投資に正解はないからね。大切なのは自分に合った投資スタイルを考えることだよ。

> **Column** 「サブリース」(一括借り上げ)のメリット&デメリット

サブリースとは、簡単に言うと「転貸」のことです。サブリース事業を行う業者が家主(オーナー)から不動産を一括で借り上げ、一般の入居者に貸し出す仕組みです。借り上げ賃料は、実際の家賃収入の80%～90%程度が一般的です。

サブリースに関しては、「30年間一括借り上げ」「空室リスクなしの長期家賃保証」など、家主や地主にとって魅力的な謳い文句で大々的に宣伝されていますが、実際のところどうなのでしょうか。

サブリースを理解する上で押さえておきたい点は、家主とサブリース業者との契約は「保証契約」ではなく、「賃貸借契約」であることです。つまり、家主から見た借主は実際の入居者ではなく、サブリース業者であり、借地借家法の保護対象になります。そのため、「サブリース契約を解約できない」「解約を申し出たら違約金を請求された」「一方的に解約された」など、サブリース契約を巡るトラブル、紛争が多発しているのが実情です。

サブリース物件を検討するのであれば、メリットとデメリットを十分に理解し、慎重に判断するようにしましょう。

メリット
- 空室時も家賃収入が得られる。
- 入居者からの苦情・相談などに対応しなくてもよい。

デメリット
- 家賃相場より利益率が大幅に下がる。
- 契約の解約が難しい。解約する場合、違約金を請求される。
- サブリース契約中は物件の売却が難しい。
- サブリース業者から一方的に解約される可能性がある。
- サブリース業者が倒産する可能性がある。

❖**POINT**❖ 必ずチェックしよう!
❶ 契約条件は定期的に見直しされ、賃料減額請求を受けることがある。
❷ 原則、修繕費は家主負担で、施工業者はサブリース業者の指定となる。
❸ 退去に伴う空室期間などで賃料の免責期間(1カ月～2カ月間)がある。
❹ 入居者からの礼金(契約時)や更新料(更新時)はサブリース業者が受領。

3日目

不動産評価法と購入価格の見極め方

3日目は、土地(更地)の4つの価格(❶公示価格、❷相続税路線価、❸固定資産税評価額、❹実勢価格)と、不動産(土地・建物)の3つの評価法(❶原価法、❷取引事例比較法、❸収益還元法)を学び、不動産の適正価格と確実に収益が上がる購入価格の見極め方をマスターします。

麻弥さん
IT企業に勤務する麻弥さん。アパートを経営する父の勧めもあり、不動産投資を勉強することに。結婚、出産、マイホームetc真面目に将来設計を考えている。

貴子さん
麻弥さんの元同僚。結婚・出産後、1年前に不動産業者に再就職した。麻弥さんと共に、業界の大先輩である池田先生に不動産投資の教えを乞うことになった。

3-01 不動産評価の第一歩は土地価格の見極めから

池田先生、物件が割高なのか、割安なのかはどうしたら判断できますか？

不動産投資では、投資家目線と金融機関目線で判断することが大事なんだ！

■購入価格は投資家目線＆金融機関目線から試算する

　不動産投資における物件選びでは、確実に利益が得られる物件であるかという**投資家目線**と、不動産としての担保評価（資産価値）が適正であるかという**金融機関目線**から判断することが必要です。

　アパート、マンションなど一棟物や複数の物件を購入するには、金融機関の融資は必須になります。

　自分では合格点だと判断した物件でも、金融機関が担保として認めなかったり、販売価格を大幅に下回る評価の物件では融資を受けることは難しいからです。

　また、そのような評価の低い物件を抱え込んでしまうと、将来的に売却する時にも、大きな損失を被る危険性もあります。

　まず、**投資家目線での収益性の見極め方**に関しては、1日目で6つの指標（❶表面利回り、❷実質利回り、❸キャッシュフロー、❹債務回収比率（DCR）、❺返済比率、❻イールドギャップ）を解説しました（38ページ）。

　ここでは、主に**金融機関の目線から考える物件評価法**について詳しく解説します。

■「一物四価の法則」── 土地には4つの価格がある

貴子さんは、1つの土地には**4つの価格**があるのを知ってるよね？

はい！　お客様から査定を依頼された時は、路線価や公示価格を調べます。

　不動産の資産価値は、**土地（更地）の評価額（土地値）**が基本となります。実際に、不動産の評価法を学ぶ前に、その基本となる土地（更地）の価格に関して、説明しましょう。
　まず、1つの土地には、4つの価格があるのをご存じでしょうか。これを「**一物四価の法則**」といいます。4つの価格には、それぞれの役割があり、不動産の適正価格を判断する上で重要な指標となります。

■「公示価格」は土地取引の指標

　これから説明する4つの価格の内容や役割、それぞれの関係性を学ぶ上で、必ず理解しておきたいのが**地価公示法**で定める「**公示価格**」です。
　不動産取引の場合、売りたい人と買いたい人の希望が合致すれば、それが地域的な相場とかけ離れた金額であっても売買契約は成立します。これを「**契約自由の原則**」といいます。
　しかし、当事者が適正価格を知らずに取引してしまうと、結果的に大きな損害を受けることになったり、トラブルに発展する可能性もあります。
　また、国や地方公共団体が**公共事業**を行う場合も、基準となる価格がなければ、適正な土地の補償額を決めることができません。
　地価公示法とは、国が**一般の土地取引の「指標」（目安）となる価格**を公示することによって、適正な地価を形成することを目的とした法律です。
　この指標となる土地の価格を**公示価格**といい、土地取引を行う者は、公示価格を指標とするよう努めなければならないとされています。
　公示価格は、毎年1月1日時点での1㎡あたりの正常価格（売り急ぎなど特別な事情のない価格）として官報に公示されます。

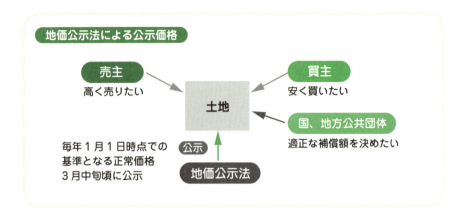

❖POINT❖　土地取引の指標「公示価格」
❶ 一般の土地取引における売買価格の指標とする
❷ 土地収用に対する補償金、公共用地の取得価格の算定基準とする

■「相続税路線価」は相続税と贈与税の算定基準

　路線価とは、道路（路線）に面する宅地1㎡あたりの評価額です。

　路線価には、**固定資産税評価額**の算定基準である「**固定資産税路線価**」と**相続税**や**贈与税**の算定基準となる「**相続税路線価**」があります。

　不動産業者や金融機関が物件評価に用いるのは、この**相続税路線価**です。相続税路線価は、**公示価格の約80%**に相当します。

相続税路線価 ＝ 公示価格 × 80%

　路線価は、**毎年1月1日時点**の価格を、国税庁のサイト**「財産評価基準書　路線価図・評価倍率表」**（http://www.rosenka.nta.go.jp/）で確認できます。

 土地の価格を調査する時は、最初に路線価をチェックしましょう！

財産評価基準書　路線価図・評価倍率表（国税庁）

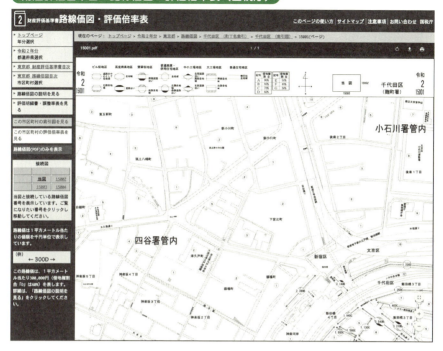

<具体例>

場所：東京都千代田飯田橋〇丁目〇番〇号
路線価：1560C　土地：100㎡

　路線価は、1㎡あたりの価格が千円単位で示され、この土地の場合、156万円／㎡となります。また、価格の後に記載されているアルファベットは、**所有権**を100％とした場合の**借地権割合**です。
　具体的には、A（90％）、B（80％）、C（70％）、D（60％）、E（50％）、F（40％）、G（30％）と地域ごとに異なります。
　借地権割合とは、**所有権を100％**とした場合の**借地権**の「**権利としての価値**」を表しており、相続税や贈与税を計算するときの算定基準として利用します。
　路線価をもとに計算した土地の価格の具体例は次のようになります。

❶所有権の場合：156万円/㎡ × 100㎡ = 1億5,600万円
❷借地権の場合：156万円/㎡ × 100㎡× 70% = 1億920万円

路線価さえ調べれば、土地の価格は簡単に計算できますね！

そう！　金融機関が担保評価する時にも最初にチェックする価格なんだ。

　路線価は土地評価を行う上で最も分かりやすい指標であり、金融機関が担保評価する上でも最初にチェックする価格です。
　しかし、間口、奥行き、形状など、それぞれの土地の個別要素を正確に反映するには、「**補正**」が必要です。
　補正に関しては、不動産評価法（116ページ）のところで詳しく説明します。

❖POINT❖　相続税路線価とは
❶ 路線価は相続税、贈与税の算定基準で、公示価格の80％に相当する
❷ 土地の個別要素（間口、奥行き、形状など）を反映するには補正が必要

■「固定資産税評価額」は、登録免許税＆不動産取得税の算定基準

　毎年**1月1日時点**で不動産（土地、家屋）を所有している人には、市町村から**固定資産税**が課税されます。**固定資産税評価額**とは、固定資産税を算定する上での基準となる価格であり、**固定資産税路線価**を基に計算されます。
　不動産を購入する時の**登録免許税**や**不動産取得税**の算定基準となるのが固定資産税評価額であり、諸費用計算など**資金計画を行う上で必要となる指標**です。

しかし、**固定資産税評価額**は、公示価格の**約70%**に相当し、公示価格やこの後に説明する実勢価格（時価）との乖離が大きいため、適正な不動産評価の指標としては不向きと言えます。

> 固定資産税評価額 ＝ 公示価格 × 70%

固定資産税評価額は、毎年5月頃に届く「納税通知書」や市区町村で取得できる「評価証明書」（または公課証明書）で確認することができます。資金計画を立てる場合、必ず物件の情報元である不動産業者や所有者に確認しましょう。

❖POINT❖　固定資産税評価額

❶ 登録免許税、不動産取得税の算定基準。諸費用計算、資金計画には必須。
❷ 公示価格の70%と評価が低く、不動産査定の指標としては不向きである。

土地の3つの価格
- 公示価格　100%
- 相続税路線価　80%
- 固定資産税評価額　70%

■「実勢価格」は実際に市場で取引される時価

どの価格も重要なのは分かりますが、実際の売値や買値と違いますよね。

良いところに気付いたね。実際に市場で取引される価格が4つ目の実勢価格（時価）なんだ。

実勢価格とは、実際に不動産が市場で取引される金額、いわゆる「**時価**」です。つまり、売主、買主が市場の適正価格を理解した上で、目的となる不動産の状態、引き渡し時期などすべて合意のもと取引する価格です。

　実勢価格は、一般の土地取引の指標となる**公示価格の約1.1倍**に相当します。これまで学んだ**相続税路線価**や**固定資産税評価額**との関係においては、以下の計算式で実勢価格の目安を計算することが可能です。

> ❶ 公示価格 ⇒ 実勢価格（目安）
>   実勢価格 ＝ 公示価格 × 1.1
> ❷ 相続税路線価 ⇒ 実勢価格（目安）
>   実勢価格 ＝ 相続税路線価 ÷ 80% × 1.1
> ❸ 固定資産税評価額 ⇒ 実勢価格（目安）
>   実勢価格 ＝ 固定資産税評価額 ÷ 70% × 1.1

❖POINT❖ 実勢価格とは
❶ 実勢価格は、実際に不動産が市場で取引される時価である
❷ 実勢価格は、公示価格の1.1倍に相当する

■実勢価格と補正の考え方

　実勢価格は、**不動産の個別要素（土地の形状、道路付け、利用状況、建物の状態など）**や**個別事情（売主の売却理由、販売期間、残債務の有無など）**を全て考慮し判断することが必要です。

　「**補正**」とは、**不動産の個別要素**や**売主の個別事情**を評価に反映し、案件ごとの市場での**適正価格**を見極めるための修正のことです。

　補正は、これから勉強する不動産評価法で求めた評価額に、一定の補正率を乗じて適正価格を決定するわけですが、「どのようなケースは何パーセント」といった具体的な規定はありません。

　私の場合、個々の案件の個別要素や個別事情を慎重に精査し、補正率を**マイナス30%からプラス20%**の間で調整して、最終的な価格決定をしています。

3-02 原価法と積算価格

不動産評価法は、物件の種類や目的に応じて使い分けることが必要ですよね。

えっ！ 評価方法は1つじゃないんですか？

土地、戸建て、マンション、**それぞれ最適な評価法がある**んだ。あと、不動産投資とマイホームとでは評価の目的が違うからね。

■ 不動産には3つの評価法がある

不動産の価格を求める評価手法には次の3つの方法があります。

- ❶ 原価法
- ❷ 取引事例比較法
- ❸ 収益還元法

不動産の**種類**や**目的**に応じ、**最適な評価法を選択・併用**することで、市場で通用する**適正価格を算出**します。不動産の評価法を学ぶ目的は次の3つです。

- ❶ 適正価格を判断する ⇒ 売り出し中の物件価格が妥当かどうかを判断する
- ❷ 担保評価を試算する ⇒ 金融機関の融資が可能かどうかを試算する
- ❸ 買付価格を決定する ⇒ 売主に対し購入意思を示す買付価格を決定する

■不動産評価の基本は原価法＆積算価格

不動産の最も基本となる評価法は「**原価法**」です。

原価法とは、土地価格と建物価格を別々に求めて合算する評価方法で、求められた価格を「**積算価格**」といいます。

原価法による積算価格は、主に**一戸建て、一棟マンション、アパートなどの評価を求める場合**に用います。

積算価格は、評価対象がマイホームであっても、収益物件であっても必ず把握しておくべき価格です。金融機関が担保評価の際に、最も重視する価格になるので、評価方法をマスターしておきましょう。

■土地は相続税路線価から計算する

まず、土地に関しては、**相続税路線価**や**公示価格**を用います。

相続税路線価は、公示価格の80％に相当し、実勢価格（時価）となると公示価格の1.1倍と乖離があります。

多くの**金融機関では担保評価に路線価を用いるため、融資利用を前提とした購入計画の場合、評価の厳しい相続税路線価を使用**しましょう。

路線価を調べて、土地の面積に掛ければ、バッチリですね！ちゃんと覚えました！

土地は、間口や奥行き、形状などがそれぞれ違うから、正確な価格を計算するには補正が必要なんだ。

路線価は土地評価を行う上で最も分かりやすい指標です。

しかし、同じ道路に面する土地でも、間口と奥行きのバランスの良い整形地もあれば、旗竿地のような不整形地もあります。

そこで、間口、奥行き、形状など、それぞれの土地が持つ個別要素によって、より適正な価格を計算するために用いるのが「**補正率**」です。

各補正率は、国税庁のサイトにある「**補正率表**」（https://www.nta.go.jp/law/tsutatsu/kihon/sisan/hyoka_new/02/07.htm）で確認できます。

原価法と積算価格 3-02

奥行価格補正率表

奥行距離 (メートル)	ビル街 地区	高度商業 地区	繁華街 地区	普通商業・ 併用住宅地区	普通住宅 地区	中小工場 地区	大工場 地区
4未満	0.80	0.90	0.90	0.90	0.90	0.85	0.85
4以上6未満	0.80	0.92	0.92	0.92	0.92	0.90	0.90
6 〃 8 〃	0.84	0.94	0.95	0.95	0.95	0.93	0.93
8 〃 10 〃	0.88	0.96	0.97	0.97	0.97	0.95	0.95
10 〃 12 〃	0.90	0.98	0.99	0.99	0.97	0.96	0.96
12 〃 14 〃	0.91	0.99	1.00	1.00	1.00	0.97	0.97
14 〃 16 〃	0.92	1.00	1.00	1.00	1.00	0.98	0.98
16 〃 20 〃	0.93	1.00	1.00	1.00	1.00	0.99	0.99
20 〃 24 〃	0.94	1.00	1.00	1.00	1.00	1.00	1.00
24 〃 28 〃	0.95	1.00	1.00	1.00	0.97	1.00	1.00
28 〃 32 〃	0.96	1.00	0.98	1.00	0.95	1.00	1.00
32 〃 36 〃	0.97	1.00	0.96	0.97	0.93	1.00	1.00
36 〃 40 〃	0.98	1.00	0.94	0.95	0.92	1.00	1.00
40 〃 44 〃	0.99	1.00	0.92	0.93	0.91	1.00	1.00

国税庁　法令解釈通達　奥行価格補正率表より
https://www.nta.go.jp/law/tsutatsu/kihon/sisan/hyoka_new/02/07.htm

❖POINT❖　覚えておきたい補正率

❶ **奥行価格補正率** ⇒ 奥行きの距離に応じた補正率。土地の一面が道路に面している場合に適用します。

❷ **奥行長大補正率** ⇒ 間口に対し奥行が特に長い土地の評価を減額する補正率。奥行が間口の2倍以上の土地が補正の対象となります。

❸ **間口狭小補正率** ⇒ 間口が特に狭い土地が対象で、有効性、利便性に劣る部分を減額する補正率です。

❹ **不整形地補正率** ⇒ 整形地に対し、利用価値の低い形の整っていない土地の評価を減額するための補正率です。

❖POINT❖　原価法による土地価格の計算式

土地価格 ＝ 相続税路線価(円/㎡) × 面積(㎡) × 補正率

<具体例>

路線価：200C、土地：300㎡、奥行き距離：30ｍ、普通住宅地区
20万円/㎡×300㎡×（奥行価格補正率）0.95＝5,700万円 （1）

対象地が、角地や二方道路、三方道路など、路線価の異なる2つ以上の道路に面する土地の場合は、**高い方の路線価を利用**します。

また、私道など路線価のない道路に面する土地の場合、周辺の路線価を採用し、**5%～10%ほど減価**して厳し目の評価を計算するようにします。

■ 建物は再調達価格から計算する

貴子さん、建物評価はどうやって計算してる？

まだマスターできてませんが、耐用年数を使うのは知ってます。

建物の評価に関しては、**再調達価格**と減価償却の計算で使用した**構造別法定耐用年数**（58ページ）を使用します。

再調達価格とは、評価の時点で同じ建物を新築した場合の価格です。

再調達価格は、金融機関が独自で定めた**再調達単価**を基に計算しますが、概ね下記の金額を参考単価として利用するとよいでしょう。

再調達単価（参考）

木造	⇒ 15万円/㎡
軽量鉄骨造	⇒ 16万円/㎡～17万円/㎡
重量鉄骨造	⇒ 18万円/㎡
鉄筋コンクリート造	⇒ 20万円/㎡

再調達価格 ＝ 再調達単価（円/㎡）× 延床面積（㎡）

建物の経過年数による劣化や設備類の機能低下分を価格から差し引く減価修正に関しては、**構造別法定耐用年数**（新築物件）を用います。

❖POINT❖ 原価法による建物価格の計算式

建物価格 ＝ 再調達価格 ×（1－経過年数／法定耐用年数）

<具体例>

木造2階建、築5年（法定耐用年数：22年）、延床面積250㎡

再調達価格＝15万円／㎡×250㎡＝3,750万円

建物価格＝3,750万円×(1-5/22)＝2,898万円　（2）

先ほど、計算した土地価格（1）と建物価格（2）を合算すると原価法による積算価格が計算できます。

積算価格（1）＋（2）＝5,700万円＋2,898万円＝8,598万円

■ 適正価格は複数の評価法を併用して判断する

積算価格は金融機関も重視する重要な指標の1つです。

しかし、土地であれば相続税路線価もしくは公示価格、建物は構造と築年数のみを考慮した計算方法となるため、対象となる不動産の個別要素はほとんど考慮されていません。

土地に関して言えば、間口や奥行き、形状といった要素以外にも、**「地域性」が実際価格（時価）に大きく影響**します。需要の多い昔ながらの落ち着いた雰囲気の街並みや人気の学校区など、周辺地域からも高い評価を得る地域ほど、積算価格と実勢価格との格差が大きくなります。

また、建物に関しては、同じ築年数であっても、新築時の建築工法や施工レベル、過去の修繕履歴の有無や施工内容などによって、買手が妥当と判断する評価は大きく異なります。

これから説明する他の評価法にも言えることですが、不動産の適正価格を判断するには、1つの評価法だけに頼らず、**他の評価法と併用する**ことで、**投資家としての目線**、**融資を貸し付ける金融機関の目線**、そして**実際に生活する入居者の立場**に立って考える姿勢が大切です。

取引事例比較法と比準価格

積算価格はよく理解できましたが、実際の相場とかけ離れた評価にならないか少し心配です。

複数の評価法を併用することでリスクは軽減できるよ。特に実際の事例を基に評価した比準価格は参考になるよ。

■ 比準価格には時価や相場が反映される

「**取引事例比較法**」とは、査定地周辺の**実際の成約事例をもとに評価出し**をする方法で、求められた価格を「**比準価格**」といいます。

取引事例比較法による比準価格は、主に**区分マンションや土地の査定**に用います。

具体的には、対象地と条件の類似する過去の成約事例や売却中の物件情報を選択し、その上で間取り、階数、リフォームの有無など**査定地の個別要素**や事例地の売却理由など**個別事情を考慮した補正**を行います。

取引事例比較法による比準価格は、積算価格に比べて評価時点での時価、相場が反映された価格と言えます。

■ 取引事例比較法は事例地選択が決め手

取引事例比較法で比準価格を求める場合、比較する**事例地の選択が最大のポイント**です。事例地の選択が適切であれば、より正確な評価が可能です。

一方で、比較検討する事例地として相応しくない情報を選択してしまうと、高過ぎたり安過ぎたりといった偏りのある評価になってしまう危険性があります。

《事例地選択NG例》

- 成約事例地として極端に古い情報を選択
- タイプの異なるマンションを比較（ワンルームorファミリータイプ）
- 建築時期の異なるマンションを比較（築浅マンションor築古マンション）
- 構造や設備の異なるマンションを比較（エレベーター設備の有無）

私は主に**レインズ**で情報収集してます。

不動産情報サイトや**国交省の不動産情報ライブラリ**を活用するのも1つだよ。

　取引事例比較法で比準価格を求める場合、事例地はどのように探したらよいのでしょうか。

　宅建業登録を受けた不動産業者であれば、不動産流通機構の**レインズ (REINS)** を利用することで、売却中の情報から過去の成約事例まで正確な情報が入手できますが、不動産業者以外の方はインターネット上で公開されている**不動産情報サイト**を主に活用することになります。

　最近では、一般消費者向け情報サイトの内容もかなり充実しており、売却中の物件情報は勿論、過去の成約事例（登録事例）や価格の推移など、参考になる詳しい分析データが公開されています。

　また、売買情報だけでなく、賃貸情報（賃料相場、周辺の競合物件など）に関しても、情報量が充実しているため、不動産投資を検討する上でぜひ活用したい情報源です。

　不動産情報サイト以外では、国土交通省の「**土地総合情報システム　不動産情報ライブラリ**」を活用してみるのも良いでしょう。

レインズ・不動産情報サイト・不動産情報ライブラリ

国土交通省「土地総合情報システム　不動産情報ライブラリ」

国土交通省　土地総合情報システム　不動産情報ライブラリより　https://www.reinfolib.mlit.go.jp/
取引価格情報を掲載している土地総合情報システムは、令和6年3月末で廃止。令和6年4月から、「不動産情報ライブラリ」で掲載

❖POINT❖　レインズとは

レインズ（REINS） とは、Real Estate Information Network System の頭文字を並べた名称で、**国土交通大臣**から指定を受けた**不動産流通機構**の会員のみが利用できる不動産情報のネットワークシステムです。
売却中の物件情報や過去の取引事例、不動産流通機構の会員情報などが閲覧できるシステムです。

■ 補正率は個別要素と個別事情で決める

事例地が選択できたら次は補正だよ。同じマンションで似たような間取りでも、物件ごとに特徴の違いがあるからね。

補正か～、確かに条件の近い物件はあっても、全く同じじゃないですからね。

取引事例比較法で注意すべき内容は、評価の時点で**適切な補正**を行うことです。補正とは、査定地と事例地とを比較して、その特徴の違いを評価に反映させることです。

補正率は、査定地の個別要素や売却理由など個別事情を考慮して、**マイナス30％からプラス20％程度**で調整すると良いでしょう。

《個別要素》

- リフォームの有無、過去の修繕履歴の有無
- 間取り（角部屋、両面バルコニー、専用庭など）
- 所在階（最上階、高層階、低層階など）
- 土地の形状、道路付け
- 建物（古家）の有無

《個別事情》

- 相続、債務整理、買い替えなどによる売り急ぎ
- 事件事故（自殺・他殺・火災など）、住民間トラブル

❖POINT❖ 取引事例比較法による計算式

不動産価格＝事例地の単価(円/㎡)×面積(㎡)×補正率(％)

<具体例>

（事例地）Bマンション、建築後25年、専有面積65㎡、間取り2LDK、所在階10階部分、東南角部屋　※1年前に成約
（査定地）Bマンション、建築後25年、専有面積65㎡、間取り2LDK、所在階2階部分、西向き

⇒所在階（事例地：10階、査定地：2階）、部屋の位置（事例地：東南角部屋、査定地：西向き）、1年前の成約事例であることを考慮し、補正率を90％に設定。

事例地成約価格：1,950万円、成約単価：300,000円/㎡の場合
査定地評価額：300,000円/㎡×65㎡×補正率90％＝**1,755万円**

■取引事例比較法の注意点

　取引事例比較法の場合、査定地と条件の類似する事例地が極端に少なかったり、事例地の成約時期が古過ぎたりといったケースがあります。

　また、売主の売却理由など価格に影響する個別事情がデータからは読み取れないという問題もあります。

　不動産業者の利用するレインズの場合、登録時期や成約時期から販売期間が読み取れ、資料からはリフォームの有無や特別な事情（事件事故など告知事項）が確認できたりします。

　しかし、一般消費者の利用する不動産情報サイトの場合、査定地や周辺地域の相場や価格の推移などを大まかに捉えるには最適ですが、個々の案件の詳細データまでは読み取ることが困難です。

　原価法による積算価格に関しても同じことを説明しましたが、不動産評価に関しては、**1つの評価法に留めることなく複数の評価法を併用し、多角的に評価する**ことが大切です。

　特に取引事例比較法に関しては、限られた事例地、机上のデータのみを鵜呑みにするのではなく、**査定地周辺の不動産業者に地域的な需要の有無、価格の妥当性などを積極的にヒアリングする**など慎重な対応が必要です。

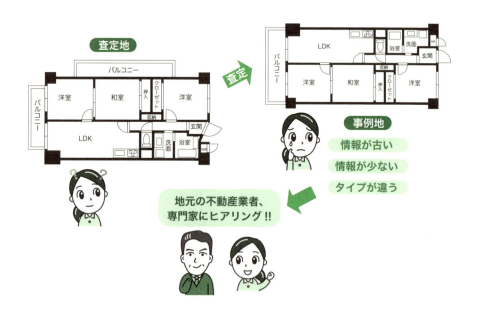

3-04 収益還元法と収益価格

投資額に対して、**どれだけの利益が見込めるかを表す指標**は何かな？

えっと、確か、**利回り**ですよね？

そう！ 収益性から物件を評価する方法が**収益還元法**なんだよ。

■ 投資物件は資産性＆収益性で評価する

「**収益還元法**」とは、賃借人から得られる賃料によって、**将来的に生み出すことが予測される利益をもとに、現在の不動産価値を決定する評価法**で、求められた価格を「**収益価格**」といいます。

収益還元法による収益価格は、一棟マンションやアパートを中心に、全ての収益物件で用います。

原価法による**積算価格**や取引事例比較法による**比準価格**が、不動産としての「**資産性**」を評価したものであるのに対し、投資としての「**収益性**」から物件を評価したものが収益還元法による**収益価格**と言えます。

不動産投資においては、**対象となる不動産に応じて適切な評価法を選択・併用し、資産性と収益性を十分に検討した結果、最終的な適正価格を判断**します。

❖POINT❖ 「資産性」＆「収益性」を示す3つの価格
積算価格、比準価格 ⇒ 不動産としての「資産性」を評価する
収益価格 ⇒ 投資としての「収益性」から評価する

125

■直接還元法は「一期間」の純利益で物件評価（基本）

収益還元法には、次の２つの評価法があります。

> ❶直接還元法
> ❷DCF法

１日目では２つの「**利回り**」について学びました。

物件価格に対して１年間で得られる家賃収入の収益率を表す**表面利回り（グロス利回り）**と、不動産購入時や運営中の経費などを考慮した**実質利回り（ネット利回り）**です（1-02 参照）。

いずれも、**投資金額に対しどれだけの利益が得られるかを示す指標**です。

> 表面利回り(%)＝年間家賃収入÷物件価格 ×100
> 実質利回り(%)＝(年間家賃収入－年間経費)÷(物件価格＋購入時諸経費)×100

収益還元法の１つ**直接還元法**とは、**１期間（通常は１年間）で得られる純収益を利回りで還元して**不動産の適正価格を評価する方法です。この直接還元法で用いる利回りを「**還元利回り**」といいます。

収益性を示す指標である点では表面利回りや実質利回りと同じですが、還元利回りは、「**予想される利益**」を基に不動産価格が適正であるかどうかを判断するための利率で、**キャップレート（CapRate）**ともいいます。

分かりやすく言うと、対象不動産から「**これくらいは利益が得られるはず**」という予想値を利率に反映したものが還元利回りです。

❖POINT❖　３つの利回り

表面利回り・実質利回り ⇒ 投資金額に対して得られる利益率を示す指標
還元利回り ⇒ 予想される利益から物件の適正価格を計算するための指標

❖POINT❖　直接還元法による不動産価格の計算式

不動産価格 ＝ １年間の純収益 ÷ 還元利回り(%)
※１年間の純収益＝１年間の総収入－１年間の経費（管理費など）

<具体例>

1年間の総収入：1,000万円、1年間の経費：250万円

(a) 還元利回り：6％の場合

　　不動産価格＝（1,000万円－250万円）÷6％＝1億2,500万円

(b) 還元利回り：8％の場合

　　不動産価格＝（1,000万円－250万円）÷8％＝9,375万円

　2つの具体例からもわかるように、収益価格は**還元利回りの設定**で大きく異なります。

　賃料から得られる1年間の純収益が同額の場合、予想される**収益性を高く設定**すると、必然的に**不動産の評価額は低く抑えられる**ことになり、**収益性を低く設定**すると、**評価額は高くなります。**

　還元利回りは、周辺地域の類似する事例地の利回りを基に、対象地の個別要素（築年数、構造など）や地域性、将来性などを考慮して補正します。

　居住用物件の場合で**5％〜8％**程度、**事業用物件**の場合で**7％〜10％**程度が目安となります。

■DCF法は将来的な価値とリスクを考慮した評価法

純収益が分かれば結構簡単に計算できるんですね！

その通り！　でも将来性まで正確に評価しようと思うとDCF法も勉強しないとね。

DCF法？　何か難しそうな名前ですね…

　収益還元法のもう一つの評価法が**DCF法**です。**DCF法**とは、**ディスカウント・キャッシュフロー（Discounted Cash-Flow）**の略で、将来的に得られる純収益や売却価格を**現在の価値に割り戻し（換算し）**、不動産価格を計算する評価方法です。

何故、現在の価値に換算するのかと言うと、「5年後、10年後の100万円と今の100万円は価値が違う」という考えからです。

例えば、現在、手元に100万円の資金があれば、投資運用することによって、5年後、10年後には更なる価値を生み出す可能性があるからです。

直接還元法が評価時点において**「一定期間」（通常は1年間）**の純収益を基にした評価であるのに対し、**DCF法**では**「連続する複数の期間」（保有期間中）**の将来的価値や空室リスクなども考慮するため、より精度の高い評価が可能となります。

まず、各期毎の純収益を次の計算式で求め、保有期間中の合計値を計算します。

> 1年間の純収益 ÷（1＋割引率％）^累乗

次に、保有期間満了時の売却価格を次の計算式で現在価値に換算します。

> 売却価格 ÷（1＋割引率％）^累乗

そして、保有期間中の純収益（現在価値）と売却価格（現在価値）の合計値が、DCF法による不動産価格となります。

❖POINT❖　DCF法による不動産価格の計算式

不動産価格 ＝ 保有期間中の純収益（現在価値）の合計値 ＋ 売却価格（現在価値）

<具体例>

収益一棟マンション（総戸数：20戸）

〔空室率〕	10％
〔1年間の総収入〕	1,000万円
〔1年間の経費〕	250万円
〔1年間の純収益〕	1,000万円 ×（100％－10％）－ 250万円 ＝ 650万円
〔割引率〕	3％
〔投資期間〕	5年
〔売却価格〕	9,000万円

- 5年間の純収益の合計値（現在価値）
    - 1年目：650万円÷(1+0.03) 　　　　=6,310,680円
    - 2年目：650万円÷(1+0.03)^2（2乗）=6,126,873円
    - 3年目：650万円÷(1+0.03)^3（3乗）=5,948,421円
    - 4年目：650万円÷(1+0.03)^4（4乗）=5,775,166円
    - 5年目：650万円÷(1+0.03)^5（5乗）=5,606,957円
    - 【合 計】　　　　　　　　　　　　29,768,097円　（a）

- 保有期間満了後の売却価格（現在価値）
    - 9,000万円÷(1+0.03)^5（5乗）　=77,634,791円　（b）

    不動産価格（a）+（b）=29,768,097円+77,634,791円
    　　　　　　　　　　=107,402,888円

　具体例からも分かるように、DCF法の場合、簡単に計算できる直接還元法と違って、計算が少し複雑です。

　しかも、将来的な価値を現在の価値に割り戻すための**割引率や売却価格の想定**によって、評価額が大きく異なるため、不動産投資に対するある程度の知識と経験が求められます。

　不動産投資初心者としては、DCF法の仕組みや考え方を理解しておくだけでも、十分に価値があります。

　大切なのは、一時的な物件評価や収益計算を鵜呑みにすることなく、常に**将来的なリスクヘッジを意識し物件を評価**することです。

　まずは、**収益還元法（直接還元法）と他の評価法を併用する**ことからスタートし、常に物件の個別要素や地域性、予想されるリスクなどに応じた**適切な補正**をすることで、より適正な価格を計算できるようになりましょう。

どう？　DCF法は理解できた？

難しいけど、将来的なリスクも考え評価するんですよね。

最初は考え方を理解するだけで十分だよ！

3-05 不動産評価（タイプ別）を学ぼう

複数の評価法を併用する目的って何でしょうか？

売出価格の妥当性を調べ、**物件評価との金額差にどう対処するか**を考えるためだよ。

■ 複数の評価法を併用する上での注意点！

不動産を評価する場合、物件の内容によって複数の評価法を併用し、それぞれの評価額を比較した上で最終的な適正価格を判断し、購入価格（買付価格）を決定します。

ここで、注意しておきたい点は以下の3点です。

> ❶ 必ず収益還元法による収益価格を求める
> ❷ 融資を利用する場合、必ず原価法による積算価格を求める
> ❸ 複数の評価法による不動産価格は一致しないことを理解する

まず、❶**収益還元法による収益価格は必ず計算**しましょう。

なぜなら、物件の購入目的が不動産投資であり**収益性の確認は必須**だからです。売出価格と大きな金額差があって収益性を伴わない物件は購入すべきではありません。

次に、❷**融資を利用する場合は、必ず原価法による積算価格を確認**しましょう。土地、建物を別々に評価できる**戸建て、一棟物に積算価格を採用している金融機関が多い**からです。

もちろん、購入目的が不動産投資であるため、収益価格も確認されますが、最終的な融資額の決定には**積算価格が優先されるケースが多い**です。

❶と❷を踏まえ、❸**複数の評価法による不動産価格は一致しない**ことを理解した上での対応が必要になります。

多くの投資家が苦戦するところですが、特に、**積算価格と収益価格の乖離**が目立ちます。

新築、築浅物件の場合、金融機関による評価（積算価格）は高く、融資は受けやすいのですが、収益性を伴いません。

また、多くの投資家が好む高収益の中古・築古物件の場合、積算価格、特に建物評価が低く、希望する融資を受けられないケースがあります。

そのような時に、補填できる資金的な余裕を持つことや、収益価格に比重を置いて審査してくれる金融機関の開拓が必要になるのです。

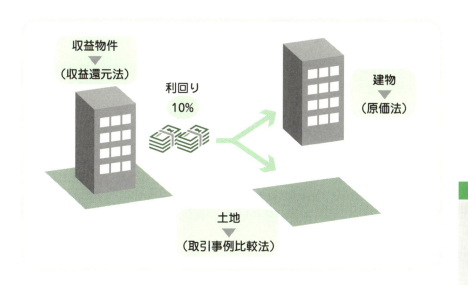

❖POINT❖　複数の不動産評価を併用する目的
❶ 適正価格を求め、売出価格の妥当性を判断する。
❷ 売出価格と物件評価との金額差が生じた場合の対処法を考える。

　　　　納得！　だから投資家は収益価格を重視して
　　　　くれる金融機関を探すんだ！

■区分マンション投資は取引事例比較法＆収益還元法

　区分マンションを評価する場合、まず**取引事例比較法**で**比準価格**を求め、その上で**収益還元法（直接還元法）**で求めた**収益価格**と比較し、適正価格を判断します。

＜査定地＞

査定地：Ａマンション〔売出価格〕14,300,000円
建築後15年、専有面積35㎡、間取り1LDK、所在階3階部分、東向き、空室

❶ 取引事例比較法による比準価格を求める

　事例地：Ａマンション、建築後15年、専有面積35㎡、間取り1LDK、
　　　　　所在階8階部分、東南角部屋、空室、6カ月前に成約

〔成約価格〕1,400万円（成約単価：400,000円/㎡）
⇒ 所在階（事例地：8階、査定地：3階）、部屋の位置（事例地：東南角部屋、査定地：東向き）、6カ月前の成約事例であることを考慮し、補正率を95％に設定。

　　不動産価格（比準価格）：400,000円/㎡ × 35㎡ × 補正率95％
　　　　　　　　　　　　　　　　　　　　　　＝13,300,000円

❷ 収益還元法（直接還元法）による収益価格を求める

　家賃想定（月額）10万円、1年間の総収：120万円
　管理費・修繕積立金（月額）20,000円、1年間の経費：24万円
　期待する還元利回り：8％

　　不動産価格（収益価格）＝（120万円－24万円）÷8％
　　　　　　　　　　　　　　　　　　　　≒12,000,000円

〔売出価格〕14,300,000円
〔収益価格〕12,000,000円 ～〔比準価格〕13,300,000円
⇒ 購入可能

う～ん、金額交渉が必要ですね…

家賃が想定賃料だし、還元利回り8％は欲しいところだね。

■ 一棟投資は原価法＆収益還元法

戸建てや一棟物は、**原価法**による**積算価格**と**収益還元法（直接還元法）**で求めた**収益価格**を比較し、最終的な適正価格を求めます。

<査定地>

査定地：Bマンション（総戸数20戸）〔売出価格〕140,000,000円
建物：重量鉄骨造3階建、築17年、延床面積400㎡、再調達単価18万円/㎡
土地：300㎡、奥行き距離30ｍ（奥行き価格補正率0.95）、路線価300C

❶ 原価法による積算価格を求める

　　土地価格：300,000円/㎡×300㎡×0.95＝85,500,000円
　　再調達価格：180,000円/㎡×400㎡　　　＝72,000,000円
　　建物価格：72,000,000円×(1-17/34)　　≒36,000,000円

　　不動産価格（積算価格）：85,500,000円＋36,000,000円
　　　　　　　　　　　　　　　　　　　　　＝121,500,000円

❷ 収益還元法（直接還元法）による収益価格を求める

1年間の総収入：1,300万円、1年間の経費：250万円
期待する還元利回り：8%

　　不動産価格（収益価格）：(1,300万円-250万円)÷8%
　　　　　　　　　　　　　　　　　　　≒131,300,000円

〔売出価格〕140,000,000円
〔積算価格〕121,500,000円～〔収益価格〕131,300,000円
⇒ 購入可能

仮に銀行が積算価格(1億2,150万円)で融資してくれても、売出価格が下がらなければ差額を自己資金で補填しないといけないね。

えっと、1,850万円ですか。大変ですね。

還元利回り8%は確保しようと思うと、買取上限額は収益価格(1億3,130万円)になるね。

> **Column** 不動産証券化システム「REIT(リート)」の仕組み

不動産証券化システムとは、投資家自身が不動産を所有するのではなく、収益物件を保有する**ビークル（Vehicle）**という会社に出資し、利益に応じた**配当**を受け取る仕組みです。

金融機関の融資を利用する場合も、投資家は借金をする必要はなく、融資を受けるのはビークルとなります。

また、不動産投資の場合、家賃収入から借入金の返済、管理費などの諸経費を控除した分が手元に残るお金ですが、不動産証券化システムの場合、ビークルの法人税支払い前の利益が原資となるため、配当が大きくなる傾向があります。

しかし、不動産という現物を所有し運用する不動産投資と違い、運用利益が出なければ、証券は紙切れ同然になります。

不動産証券化で最も一般的な金融商品に「**REIT**(リート)」があります。REITは、1960年代にアメリカで生まれた金融商品で「Real Estate Investment Trust」（**不動産投資信託**）の頭文字の略称で、日本では、2001年9月に「J-REIT」（JはJapanの頭文字）として上場しています。

J-REITは、投資家から集めた資金を基にマンション、オフィスビル、商業施設などを購入し、賃料収入など運用利益や売却益を投資家に配当する商品です。

金融機関の販売する投資信託の多くは有価証券（株式、債券）が投資対象であるのに対し、J-REITはその名のとおり不動産を投資対象とした金融商品です。

投資家は「所有せず」「使用せず」、間接的に不動産オーナーになれるのです。

＜不動産投資＞
1. 不動産を所有する
2. 投資を始めるための資金が高額である
3. 投資家自身が金融機関から借金をする
4. 家賃収入から借入返済額や諸費用を控除した残りが手取りとなる
5. 収益性が落ちても不動産としての一定の価値は残る

＜不動産証券化システム（REIT）＞
1. 不動産を所有しない
   （ビークルが所有する）
2. 投資を始めるための資金が少額である
3. 投資家は金融機関から借金をしない
   （ビークルが借金する）
4. ビークルの法人税支払い前の利益が配当の原資となる
5. 利益が出なければ証券は紙切れ同然である

4日目

失敗しない
収益物件の見分け方

4日目は、物件調査(現地→法務局→役所)の手順と押さえるべき重要ポイントを学びます。
特に、違反建築、既存不適格、未接道敷地など、事前調査における危険な不動産の見極め方は、図版を用いて分かりやすく解説します。
リスクヘッジ能力に磨きをかけましょう!

麻弥さん
IT企業に勤務する麻弥さん。アパートを経営する父の勧めもあり、不動産投資を勉強することに。結婚、出産、マイホームetcと真面目に将来設計を考えている。

貴子さん
麻弥さんの元同僚。結婚・出産後、1年前に不動産業者に再就職した。麻弥さんと共に、業界の大先輩である池田先生に不動産投資の教えを乞うことになった。

ココだけは押さえよう！物件調査の基礎知識

物件購入で失敗しないためには、どうしたらいいですか？　早くチャレンジしたいけど、知識がないから不安です。

物件調査を徹底することだよ。実際に物件や周辺環境に触れてみることが大切なんだ。

■ 現地調査の目的は「現況把握」＆「マーケット調査」

　不動産投資でもマイホームでも、失敗しない、後悔しない物件購入の秘訣は**物件調査**を徹底することです。これは基本中の基本であり、最も重要な作業です。
　物件調査には、次の3つの調査があります。

> 「**現地**」における対象地や周辺環境の調査
> 「**法務局**」における権利関係の調査
> 「**役所**」における法令上の制限や道路関係などの調査

　不動産投資家の立場で特に重視すべきなのが、**現地調査**です。
　法務局や**役所**での調査に関しては、情報サイトや不動産業者から提供される物件資料を読み解くだけの基礎知識をマスターすれば大丈夫です。しかし、**現地には物件資料からは読み取れない情報がたくさんあります**。
　投資家の中には、「良い物件は早く決めないとなくなってしまう」と、現地に一度も足を運ぶことなく、机上の利益計算だけで購入を決めてしまう人がいますが、よほどの土地勘と不動産投資の経験がない限り、非常に危険な行為です。

「調査」と言っても、不動産業者や不動産鑑定士が行うような専門的な調査ではありません。

調査は次のような目的で行ないます。

> ❶ **現況の把握**………必要とされる法令上の制限を満たしているか、建物の維持管理状態はどうか
> ❷ **マーケット調査**…利便性や生活環境はどうか、目的とする賃貸需要は得られるのか、周辺に競合物件はあるのか

現地でチェックすべき重要ポイントを押さえ、実際に生活する入居者の立場で物件や生活環境を体感することが大切なのです。

数多くの物件情報に目を通し、実際に現地に繰り返し足を運び、物件や周辺環境に触れることで、不動産投資で必要とされる「**良質の物件を見極める目**」と「**決め時を逃さない決断力**」が身に付きます。

「早く物件を購入して投資を始めたい！」という逸る気持ちを少し抑え、焦らず、着実に努力することが、不動産投資で成功するための近道です。

■ 法務局調査で「物理的状況」＆「権利関係」がわかる

法務局の調査って何か難しそうですね。初めての私でもできますか？

大丈夫！　謄本や図面の役割や読み取り方を勉強すれば、不動産のことがよく見えるようになるよ。

法務局調査とは、登記簿謄本や図面など公的書類を取得・閲覧することで、現地で**確認した情報や物件資料に記載された内容の裏付けを得るための調査**です。

調査対象となる不動産の「物理的状況」と「権利関係」を正確に把握することが、調査の目的です。

✦POINT✦ 法務局で取得できる書類

❶登記簿謄本

(a)全部事項証明書⇒現在効力のある事項および過去の履歴を記載。銀行や税務署への提出用としても利用する。

(b)現在事項証明書⇒現在効力のある事項のみ記載。差押え、抵当権など表示したくない履歴があればこの証明書を取得する。

(c)一部事項証明書⇒甲区（所有権）、乙区（所有権以外）の特定した順位番号の内容のみ記載。マンションの敷地（敷地権登記のないもの）の特定の所有者の登記記録のみ取得したい場合に取得する。

(d)閉鎖事項証明書⇒すでに閉鎖されている過去の登記記録を記載。過去の建物や土地の利用状況など「地歴調査」に有効である。

❷公図

土地の形状や範囲、道路や水路との位置関係を示した図面で、「**地番**」という登記上の所在地で記載されています。地積測量図や建物図面と比較すると正確性は劣りますが、不動産調査の最も基本となる重要書類です。

❸地積測量図

土地家屋調査士により作成された土地の図面で、測量結果に基づき計算された土地面積が**登記簿謄本の面積(地積)**に反映されます。土地の**間口、奥行き、境界標の位置**などが確認できます。ただし、**作成時期が古いものは、現況と一致しない場合があるため注意が必要です。**

❹建物図面、各階平面図

土地家屋調査士が実際に建物を測量し作成した図面で、建物の**登記簿謄本の床面積**に反映されています。敷地に対する**建物の配置、各階の床面積、形状**などが確認できます。現況と一致しない場合、未登記の増改築部分の可能性が高いです。

■登記簿謄本の構成を覚えよう！

登記簿謄本は、**表題部、甲区、乙区、共同担保目録**で構成されています。区分所有建物の場合、表題部が「一棟の建物の表示」、「専有部分の表示」、「敷地権の目的である土地の表示」（敷地権登記がある場合）からなります。

- **表題部** ⇒ 所在、種類、面積、構造など不動産の「**物理的状況**」を記載。
- **甲区** ⇒ 所有名義人の住所、氏名など「**所有権に関する事項**」を記載。
- **乙区** ⇒ 金融機関の(根)抵当権など「**所有権以外に関する事項**」を記載。
- **共同担保目録** ⇒ 複数の不動産が共同で担保設定されている場合の一覧表。

ココだけは押さえよう！物件調査の基礎知識 4-01

現在事項証明書「一戸建て・建物」

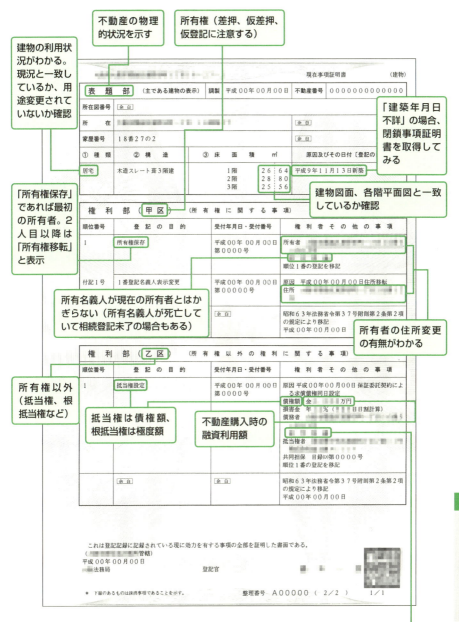

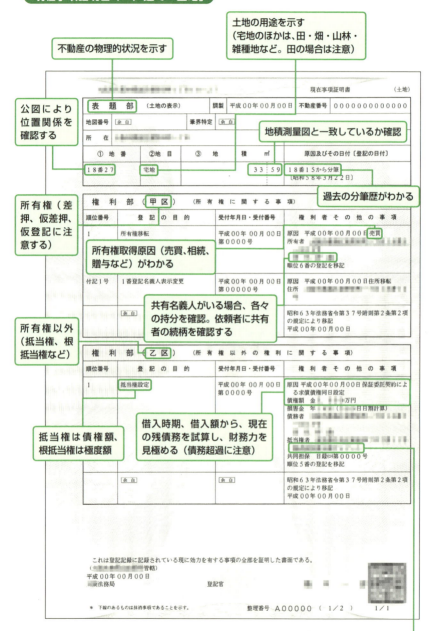

ココだけは押さえよう！物件調査の基礎知識　4-01

公図サンプル

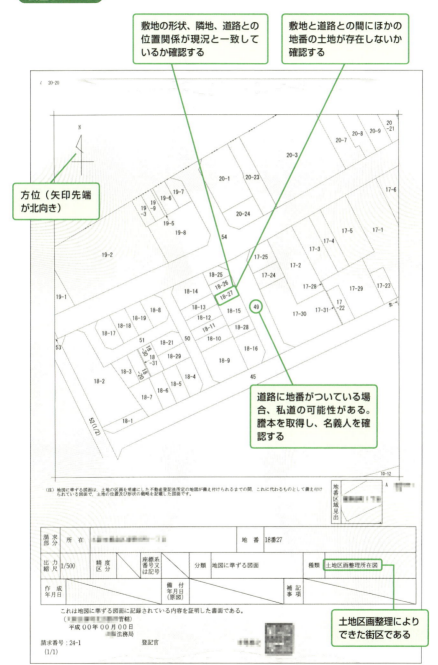

- 敷地の形状、隣地、道路との位置関係が現況と一致しているか確認する
- 敷地と道路との間にほかの地番の土地が存在しないか確認する
- 方位（矢印先端が北向き）
- 道路に地番がついている場合、私道の可能性がある。謄本を取得し、名義人を確認する
- 土地区画整理によりできた街区である

4日目　失敗しない収益物件の見分け方

地積測量図サンプル

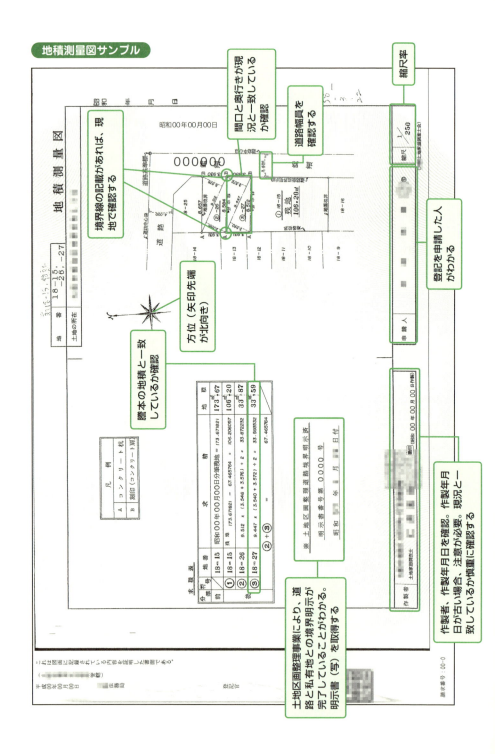

ココだけは押さえよう！物件調査の基礎知識 **4-01**

建物図面・各階平面図サンプル

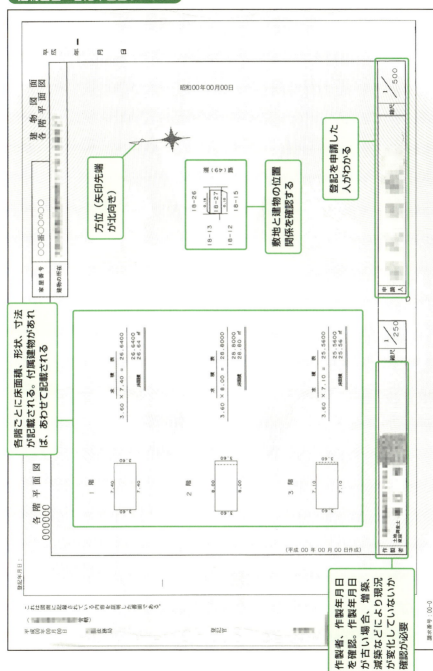

4日目 失敗しない収益物件の見分け方

■ 役所調査で「法令上の制限」&「ライフライン」がわかる

　役所では、対象地の**地域指定（用途地域、防火地域・準防火地域など）**や**建蔽率・容積率、高さ制限など地域内における具体的な建築制限**などが確認できます。

　また、現地で調査した**接道状況**や**ライフライン（上下水道など）**に関し、役所が管理する情報との照合を行い、**現状と購入後の改善点**を正確に把握します。

　役所調査は、対象地において「**どんな建物が建てられるか**」という視点で考えると必要とされる調査項目や内容が理解しやすいでしょう。

❖POINT❖　役所調査でわかる内容

❶ 都市計画課・建築指導課
⇒ 市街化区域と市街化調整区域、用途地域、建蔽率と容積率、防火地域と準防火地域、高さ制限、都市計画道路の指定など

❷ 開発指導課
⇒ 開発許可、土地区画整理事業など

❸ 環境課
⇒ 土壌汚染対策法指定区域など

❹ 教育委員会、文化財保護課
⇒ 周知の埋蔵文化財包蔵地など

❺ 防災課、河川課
⇒ 造成宅地防災区域、津波災害警戒区域、土砂災害警戒区域など

❻ 建築指導課、道路課
⇒ 建築基準法上の道路の種類、認定幅員、道路位置指定の有無など

❼ 上下水道課、水道局
⇒ 上水道、下水道の埋設状況など

私が一番苦戦してるのが**役所調査**です。いつも、いろんな窓口を行ったり来たりです。

慣れるまでは抵抗感があると思うけど、物件の有効活用を考える上で**最も重要な調査**だからね。

最重要！土地と道路の基礎知識

■ 土地の価値は道路付けで決まる！

物件調査で最初に押さえておくべきポイントが**敷地と道路の関係**です。

「土地の価値は道路付けで決まる」と言われるほど道路付けが重要視される理由は、建築基準法で定める「**接道義務**」が関わっています。

接道義務とは、「**建物の敷地は幅員4m以上の建築基準法上の道路に2m以上接していなければならない**」とする定めです。

つまり、接道義務は、建物を建て土地を活用するための必須要件です。

間口や道路幅が広い土地、特に角地や二方路地、三方路地は、一方向のみ接道している土地と比較し、市場における土地評価は、**概ね5%から10%ほど高く**なります。

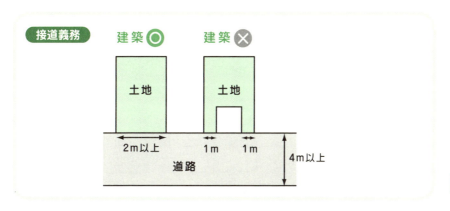

道路って本当に重要ですよね。私が最初に勉強したのも接道義務です。

土地の評価は道路付け次第。未接道地だと原則、再建築できないからね。

❖POINT❖ 建築基準法上の道路

❶ 42条1項1号（道路法による道路）
国道、都道府県道、市区町村道で幅員4m以上の道路

❷ 42条1項2号（2号道路）
都市計画事業、土地区画整理事業などによって築造された幅員4m以上の道路

❸ 42条1項3号（既存道路）
建築基準法施行時にすでに存在していた幅員4m以上の道路（公道、私道とも）

❹ 42条1項4号（計画道路）
都市計画法、土地区画整理法などで2年以内に事業が行われるものとして特定行政庁が指定した幅員4m以上の道路

❺ 42条1項5号（位置指定道路）
宅地造成と並行して造られた一定基準に適合する私道で、特定行政庁から位置の指定を受けた幅員4m以上の道路

❻ 42条2項（2項道路）
建築基準法施行時にすでに建築物が建ち並んでした幅員4m未満の道路で、特定行政庁が指定したもの。

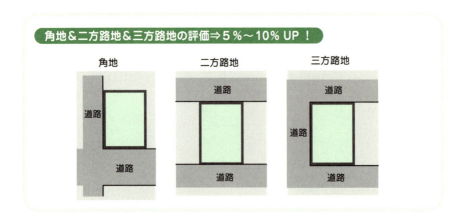

❖POINT❖ 接道義務のチェックポイント
❶ 幅員4m以上の建築基準法上の道路であるか
❷ 道路に面する間口は2m以上あるか
❸ 接道状況はどうか（角地、二方、三方etc）

■ 未接道地は絶対買わない！

物件を検討する上で特に注意すべき点は、建築基準法上の道路に面していない、間口が2m未満であるなど、**接道義務を満たしておらず、建物を建築できない土地（未接道地）**です。

市場でも、「**再建築不可物件**」として、地域的な相場よりも格安で流通している物件をよく目にしますが、「**建物を建築できない＝有効活用できない＝資産価値が極めて低い**」物件であるため、原則、金融機関の融資を受けることができず、将来的な売却の時にも間違いなく苦戦します。

少額出資で高利回りを狙う古家投資のように、あえて数十万円、数百万円から購入可能な再建築不可物件を検討するのであれば別ですが、**所有期間中、確実に利益を得て投資規模の拡大を狙うのではあれば、未接道地には絶対に手を出さない**ことです。

■ 旗竿地は路地状部分の幅員に注意が必要

旗竿地とは、道路に接する出入口が狭く、その奥に建物の敷地がある「旗竿」のような形状の土地です。

旗竿地の場合、道路に面する間口から奥の建物の敷地までの路地状部分に2m未満の部分があると、接道義務を満たしていることにはなりません。

また、**路地状部分には建物を建築することはできず**、間口、奥行きのバランスのとれた整形地と比較し、市場における土地評価は概ね **10%〜20%程度低く**なります。

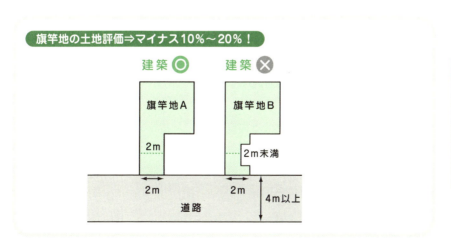

旗竿地の土地評価⇒マイナス10%〜20%！

■ 道路後退（セットバック）部分は道路扱い

道路後退（セットバック） とは、**42条2項道路**のように幅員が4m未満であっても、**道路中心線から2m後退（中心後退）**したところを道路境界線とみなし、建物の建築を認めようという救済措置です。

また、道路向かい側が川や崖、線路敷などで後退できない状態の場合、**道路向かい側の境界線から4m後退（片側後退）**することが必要です。

道路後退した土地は、道路とみなされ、建物の建築はもちろん、門塀を設置したり、庭として使用することもできません。

また、建物の広さや大きさを制限する**建蔽率や容積率**（162ページ）を計算する上での敷地の有効面積にも算入できません。

特に、片側後退の場合、中心後退に比べ後退部分の面積が広くなる（有効面積が狭くなる）ため注意が必要です。

旗竿地同様、道路後退が必要な土地も接道義務を充たす整形地と比較し、市場における土地評価は概ね**10%程度低く**なります。

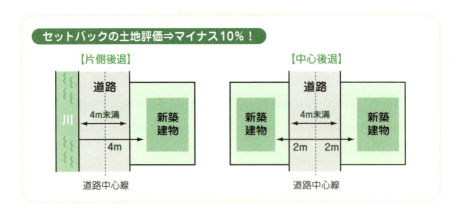

■ 私道（持分なし）は極力避ける

旗竿地とセットバックの他は私道。特に**持分のない私道は極力避けるべき**だね。

貴子さんから聞いたことあります。私道の所有者とトラブルが多いって。

道路には、国や地方自治体が管理する国道、県道、市町村道などの「**公道**」と、一般の個人や法人が所有する「**私道**」があります。

私道には、地主など特定の人が道路全体を所有している場合や、道路を利用する複数の住民が**持分で共有**したり、**私道負担部分**として道路の一部を所有したりするケースがあります。前述の**道路後退（セットバック）による後退部分も私道負担部分**です。

私道の場合、必ず確認すべき内容が**持分の有無**です。

私道持分がある場合、給排水管の引き込み工事の際の掘削許可、経年劣化や損傷に伴う改修費用や修復費用の負担区分など、私道所有者間で取り交わした**協定書の有無**を確認します。

問題は**対象地に私道持分がなく、特定の個人や法人が道路全体を所有しているケース**です。このようなケースは、道路といえども私有地でもあるため、私道所有者の許可なく道路の使用（通行）ができません。

また、通行許可が得られた場合の通行料や掘削許可に関わる承諾料が必要になるケースがほとんどです。持分のない私道の場合、金融機関の融資が受けにくいのもデメリットの1つです。

私道の場合、所有形態や持分の有無によって、権利関係をめぐるトラブルが多く、購入や売却には慎重な対応が必要です。

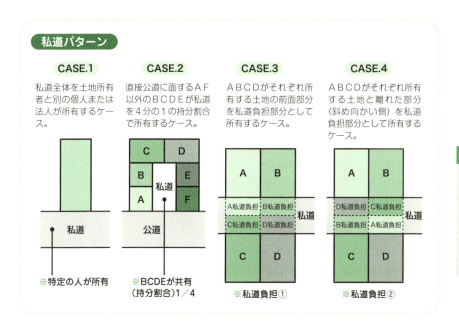

私道パターン

CASE.1 私道全体を土地所有者と別の個人または法人が所有するケース。

CASE.2 直接公道に面するAF以外のBCDEが私道を4分の1の持分割合で所有するケース。

CASE.3 ABCDがそれぞれ所有する土地の前面部分を私道負担部分として所有するケース。

CASE.4 ABCDがそれぞれ所有する土地と離れた部分（斜め向かい側）を私道負担部分として所有するケース。

❖POINT❖　私道(持分なし)のデメリット
❶ 私道所有者の許可なく使用(通行)ができない
❷ 通行料や承諾料が必要になる
❸ 金融機関の融資が受けにくい

あっそうだ！　友人が安い物件を見つけて、43条許可がいるとか話してたのですが、何のことですか？

接道義務は満たしてないけど、特別に建築を認めようという救済措置だよ。

43条第2項第2号許可ですね！

■43条第2項第2号(43条但し書き)は救済措置である

　43条第2項第2号(43条但し書き) とは、接道義務は満たしていないが、一定の要件のもと、**特定行政庁が交通上、安全上、防火上及び衛生上支障がないと認め、建築審査会の同意が得られた場合は建築が認められるという許可制度**です。

　この許可制度は、あくまでも接道義務を満たしていない土地に対する救済措置であり、一度、許可されても将来的な建築を保証しているものではありません。

　既に所有している物件が接道義務を満たしておらず、建て替えを希望する場合などには有効な制度ですが、投資目的やマイホームとして新規で購入する場合には、お勧めできません。金融機関の融資を受けることは難しく、将来的に売却する場合に不利になります。

❖POINT❖　43条第2項第2号の許可制度の基準
❶ 敷地の周囲に公園・緑地・広場などの広い空地がある
❷ 敷地が農道や類する公共の道(幅員4m以上のもの)に2m以上接している
❸ 敷地が建築物の用途、規模、位置、構造に応じて、避難および安全のために十分な幅員を有する道路に通ずるものに有効に接している

4-03 土地＆戸建て探しでここだけは見逃さない！

土地や戸建ての売買で**一番多いトラブル**は何ですか？

境界越境だね。特に地中埋設管のように調査しないと分からない越境が厄介なんだよ。

給排水管が敷地のどの位置を通ってるかなんて掘ってみないと分からないですもんね。

■ 境界越境は絶対に放置しない

　土地や戸建て売買で、最も多いトラブルが**境界越境**です。特に古い物件の場合、隣地との境界が分かりにくい物件が多く、購入後にトラブルや紛争に発展するケースが少なくありません。

　境界越境には、屋根、庇、雨樋、ブロック塀など「**目視できる越境**」と、地中埋設管の越境のように「**目視できない越境**」があります。

　給排水管は、前面道路側の本管から敷地内に引き込みされているのが一般的ですが、狭小地や住宅密集地では、隣接する他人地を経由して敷地内に引き込まれていることが珍しくありません。

　土地や戸建てを投資対象として検討する時は、最初に**境界位置の確認が必要**です。境界が不明確な場合、売主の立場での土地の測量、境界明示を購入条件とすることが大切です。

　また、現地における**境界標の確認、地積測量図や筆界確認書、上下水道課で取得できる給排水管の埋設状況図**などで、境界越境の事実が確認できたら、隣地所有者との**境界越境に関する協議書の有無**を確認します。

協議書が存在しない場合、境界越境の事実の確認、将来的な対処法などを話し合い、書面化しておくことが重要です。

十分な調査を怠り、境界越境を知らずに購入してしまったり、越境の事実を知りながら対処せずに放置してしまうのは余りに危険です。

いったんトラブルになれば、賃借人を巻き込む可能性があります。また、売却する上でも、物件評価に影響を与えることは間違いありません。

境界越境の放置は禁物です。

■不適合擁壁をなめたらアカン！

土地、戸建て売買におけるリスクの大きさに反し、意外と知られていないのが「**擁壁**」の存在です。

擁壁とは、傾斜地や高低差のある土地、**切土**や**盛土**による造成地で、土砂崩れが起こらないよう設置される構造物で、代表的なものに**コンクリート擁壁やブロック擁壁、石積み擁壁**などがあります。

擁壁を造る場合には、建築基準法など複数の法令や自治体の条例（**がけ条例**）などで、設置の許可基準や構造計算など技術基準が明確に定められています。

❖POINT❖　擁壁設置と各種法令・条例の許可・申請
❶ **都市計画法** ⇒ 斜面上の擁壁設置に関わる開発許可
❷ **建築基準法** ⇒ 高さ2m超の擁壁設置に関わる建築確認申請
❸ **宅地造成等規制法** ⇒ 宅地造成に伴う擁壁の設置基準・技術基準
❹ **がけ条例** ⇒ 崖地における建築制限および擁壁設置の許可基準

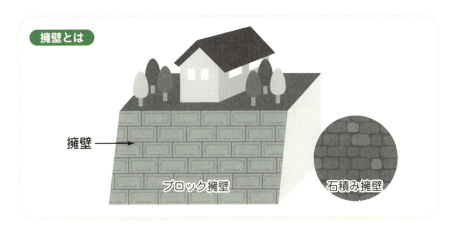

　例えば、**建築基準法**では、**高さ2mを超える擁壁**を設置する場合は、**建築確認申請**の対象と定められており、許可を受けなければ工事に着手できません。
　また、宅地造成等規制法では、**切土や盛土など宅地造成に伴う擁壁の設置基準や技術基準**（構造、材質など）を定め、災害防止のための規制を強化しているのです。

❖POINT❖　宅地造成工事規制区域内で許可が必要な工事

❶ **切土**で高さが**2m超**の崖を生ずる工事
❷ **盛土**で高さが**1m超**の崖を生ずる工事
❸ **切土**と**盛土**を同時に行う場合、**盛土で1m以下の崖を生じ、かつ、切土と盛土を合わせて高さが2m超**の崖を生ずる工事
❹ 崖の高さに関係なく、切土と盛土を行う面積が**500㎡超**の工事
※「崖」とは、水平面に対する地表面の角度が30度を超えるものをいいます。

　擁壁を単なる外構の一部のようなイメージで捉えている人が結構多いのですが、**無許可で設置された擁壁や技術基準を満たさない不適合擁壁**の場合、不同沈下や土砂災害（地震、豪雨など）による建物の傾きや倒壊など、入居者を命の危険に晒す危険性があります。
　宅地造成工事規制区域内の土地や擁壁の所有者や管理者、占有者は、その土地が常時安全な状態となるよう努めることが必要で、**都道府県知事**が災害防止のため必要と認めた場合、擁壁の設置や改造、盛土の改良など**改善命令**を下すことがあります。

不適合擁壁の場合、是正に膨大な費用が必要です。特に、造り替えとなると、数百万から数千万円という出費になることも珍しくありません。

擁壁って本当に怖いですね。不適合がどうか見極める方法はありますか？

役所の担当窓口で書類を確認する方法と、現地で危険な擁壁を見極める方法があるよ。

　検討中の物件に擁壁が設置されている場合、各種法令が定める許可基準や技術基準に適合しているかどうかを**役所の担当部署で確認**することが重要です。

　特に、宅地造成工事規制区域内の物件の場合、宅地造成工事、擁壁の設置などが基準に適合していることを証明する「**検査済証**」を確認することが重要です。

　また、書類の他に、現地における目視でも不適合擁壁を見極めることが可能です。その1つに、**宅地造成等規制法**で定められた**「水抜き穴」の設置に関する規定**があります。

　水抜き穴とは、集中豪雨などによる**含水量の増加、土圧や水圧増大**による擁壁の倒壊を防ぐために設けられた穴で、陶管など耐水性の素材で造られています。

　設置基準は、擁壁の壁面**3㎡以内**ごとに、**内径7.5cm以上**の水抜き穴が、少なくとも1個は必要とされています。

✥POINT✥　こんな擁壁は危険である！

❶ 水抜き穴が設置されていない
❷ 水抜き穴から流れる水が変色している
❸ 水抜き穴のなかに泥や雑草が詰まっている
❹ 壁面が湿っていたり、変色している
❺ 壁面や水抜き穴にコケが生えている
❻ 壁面や水抜き穴にクラックや破損がある
❼ 壁面の膨張や目地の広がり、ズレがある

擁壁の設置された物件を検討する場合、必ず、法令で定める基準を満たしているかを慎重に確認し、疑わしいようであれば、是正にかかる費用を見越した資金計画を立て、購入後に改修工事を行うことが重要です。

■見落とすと大問題に！ 雨漏り&シロアリ被害

現地調査で、雨漏りとシロアリ被害の確認だけは絶対忘れちゃダメだよ。

父の古いアパートで雨漏りがあって、入居者からの苦情で大変そうでした。

❶雨漏りは過去or進行中の見極めを！

建物内で、特に注意して確認したい点が、**雨漏り痕**、**木部の腐食箇所**の有無です。

各室の**天井**、**壁面**を中心に、**屋根裏収納**や**点検口**があれば、**懐中電灯**や**ペンライト**で確認するようにしましょう。

もし、雨漏り痕と思われる箇所が見つかったら、過去のものか、進行中のものなのか、修繕履歴の有無とともに確認しましょう。

雨漏りが最も多い原因箇所は、屋根、外壁、ベランダ・バルコニーで、経年劣化や施工不良によるものです。

建物内への雨水の侵入は、木部の腐食やシロアリ被害など、被害を更に深刻化させ、改修工事にも想定外の費用がかかる場合があります。

❖POINT❖ 現地におけるチェックポイント
❶ 屋根裏の点検口や押入れ天井部に雨漏り痕や木部の腐食がないか確認する
❷ 屋根や外壁に設置された水切りに錆、穴、損傷などがないかを確認する
❸ 外壁にひび割れ（クラック）がないかを確認する
❹ ベランダ床面の防水層に剥がれやひび割れ、損傷箇所がないかを確認する
❺ ベランダの腰壁や笠木に劣化や損傷箇所がないかを確認する

❷シロアリ被害には防湿対策＆防蟻処理を！

シロアリは、一度繁殖すると発生源を絶ち完全に駆除しない限り、家一棟を食い尽くすほど強力な力を持っています。住宅街であれば、被害は近隣にも及びます。

シロアリが繁殖しやすいのは、木造住宅の床下など**湿気が多く**、大好物の**木材をたくさん食べれる環境**です。

建築基準法では、木造住宅の床の高さは45cm以上とし、壁長5m以下毎に換気孔を設けることが規定されています。シロアリ被害に対しては、建物内の**防湿対策**、確実な**防蟻処理**が重要です。

シロアリ被害の厄介なところは、日常生活のなかで被害に気付きにくいことです。木部の腐食、カビの繁殖など、何らかの症状が現れてくる頃には、既に末期状態ということが多いのです。

❖POINT❖　シロアリ被害のチェックポイント

❶床下と畳の下を確認する
シロアリ発生源No1は木造住宅の床下です。湿気が多くシロアリは大喜びです。
シロアリ発生率は建物の築年数に比例し増加します。

❷雨漏り痕、木部の腐食箇所を確認する
シロアリ発生原因の多くは雨漏りです。建物内に雨水が侵入、シロアリの大好物である湿った木材ができあがります。雨漏りの症状が出やすい屋根裏、押入れの天井部などを定期的にチェックしましょう。

❸蟻道を確認する
蟻道とはシロアリの通り道です。シロアリは普段は土中で生活しており、光や乾燥に弱いため、建物内に餌を求めて移動する際のトンネルを造るのです。蟻道は木くずや排泄物を練り合わせて作られ、地盤と建物を繋ぐ基礎コンクリートの周囲で確認されるケースが多いです。

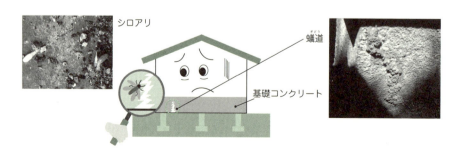

4-04 不動産投資における違反建築物のリスク

不動産には法律や専門知識が多く、覚えるのが大変です。**物件選びで失敗しないためのコツ**があれば教えてください。

良い物件を選び抜くには、**選んではいけない物件**のパターンを知り尽くすことだね。

なるほど！　違反建築とか危険な不動産を見抜き、最後に購入する物件を絞り込むわけですね。

■ 選んではいけない物件パターンはこれ！

　不動産に関わる法律、法令は改正を繰り返し、不動産投資の実践では**より高度で専門的な知識が求められる時代**となりました。

　専門知識や経験を持たない不動産投資初心者が物件選びで失敗しないためには、「**選んではいけない物件**」のパターンをしっかりと覚えておくことが最も確実です。

　特に収益物件の場合、利益率、収益性を重んじるあまり、必要とされる法基準を無視した重度の**違反建築物**が少なくありません。

　また、法改正により不適合となった**既存不適格建築物**も市場にたくさん出回っています。

　不動産投資で確実に利益を上げながら、真剣に投資規模の拡大を考えるなら、これから紹介する選んではいけない物件、特に違反建築物や既存不適格建築物のパターンを理解し、後悔しない物件選びを実践しましょう。

■違反建築物が不動産投資に与える損失は莫大！

不動産投資を行う上で、「選んではいけない物件」の代表格が**違反建築物**です。

違反建築物とは、**建築基準法や地方公共団体の条例などの規定に違反している建築物**です。

違反建築物は、金融機関の融資が受けにくく、売却時に大きな損失を出す可能性があります。

また、建築基準法や関連法令で求められる許可基準や技術基準を満たしていなければ、入居者の安全性は担保されず、行政による是正命令を受けることもあり得ます。

違反箇所の是正には莫大な費用がかかり、是正できない場合は取り壊しや使用禁止となり、不動産投資ができなくなる危険性もあります。

「知らずに購入した」「気づいていたが放置した」の代償は余りにも大きなものになるのです。

❖POINT❖　違反建築物のリスク

❶ 金融機関の融資が受けにくい
❷ 売却による大きな損失を出す可能性がある
❸ 入居者の安全性が担保されない
❹ 行政からの是正命令を受ける可能性がある
❺ 是正（改修、取り壊し、使用禁止など）による損失が大きい

■不動産の「適法性」を確認する2つの書類

違反建築物を掴んでしまったらどうしよう。確認する方法はありませんか？

まずは、建築計画概要書と台帳記載事項証明書の確認が重要だね。

不動産が法基準を満たして建築されているか、その適法性は、**建築確認済証**（法改正以前は「**建築確認通知書**」）と**検査済証**の有無で判断します。

建築確認済証（建築確認通知書）

建築確認済証（建築確認通知書）は、建物を建築する際の建築確認申請の内容が、建築基準法、その他関連法令の基準に適合していることを証明する重要な書類です。

ごくまれに、築古物件などで建築確認申請を行わず、無許可で建築された物件がありますが、このような物件は、悪質性の高い違反建築物となるため、絶対に購入すべきではありません。

検査済証

検査済証は、竣工後の完了検査の結果、建築確認済証の内容通りに建築された建物、いわゆる「お墨付き」の建物であることを証明する書類です。

建築計画概要書＆台帳記載事項証明書

いずれの書類も、交付年月日や番号は、役所の担当窓口（建築審査課など）で取得可能な「**建築計画概要書**」、「**台帳記載事項証明書**」で確認できます。

また、建築計画概要書には、建築確認申請の内容（敷地・建築物の概要、建築主、設計者、施工者など）も記載されているため、現況の建物や登記上の表示との相違を比較するのに役立ちます。

実際、築古の中古物件の中には、**建築確認済証は取得していても、検査済証までは取得していないという物件**が少なくありません。

平成14年以降、国や都道府県による違反建築物に対する取り締まりが強化され、現在は、ほぼ全ての新築で取得しています。また、金融機関でも融資を受ける際の要件にもなっています。

しかし、検査済証の普及率が低かった時期の不動産を取り扱う機会も多いため、違反建築物であるかどうかを、違反の内容や程度、是正の可否などを厳しくチェックすることが必要なのです。

■違反建築物と既存不適格建築物との違いを理解する

違反建築物とともに注意すべきなのが**既存不適格建築物**だよ。

既存不適格ですか？ 不適格って何か印象悪いですね。違反建築物とどう違うのでしょうか？

　違反建築物と同様、取り扱いに注意が必要なものに「**既存不適格建築物**」があります。

　既存不適格建築物とは、建物が建築された時点では、建築基準法やその他法令で定める基準を満たしていたものの、その後の**法改正により必要とされる基準に適合しなくなってしまった物件**のことです。

　例えば、地域毎に指定される建蔽率や容積率変更に伴う**制限オーバー**、地震の揺れに対する耐震基準不適合による**強度不足**などが挙げられます。

　既存不適格建築物が増加する背景には、都市計画の見直しや多発する自然災害などによる法改正があり、既存の建物やその敷地が備える性能や状態が改正後の法令基準に適合しなくなってきていることにあります。

　既存不適格建築物は、違反建築物のように、建築時より基準を守らず施工された「確信犯」とは明確に異なるため、行政による取り扱いや、金融機関による融資判断は少し緩やかです。

　しかしながら、再建築時に同規模・同用途での建物が建築できなかったり、売却時に不利になる点は否定できないため慎重な判断が必要になります。

■今後ますます重視される耐震基準

　投資物件を選ぶ際に、必ず**建築物の耐震性能**は確認しておきましょう。

　世界有数の地震多発国である日本では、地震に強い家づくり、災害対策の強化が最大の課題です。

　耐震性能とは、建築物が地震の揺れに耐えられる能力であり、建築基準法では、大地震を経験する度に繰り返し改正が行われ基準が強化されてきました。

1981年6月1日には、**震度6強から7程度**の地震でも、建物が倒壊や崩壊しないだけの構造基準として「**新耐震基準**」が導入され、それまでの**震度5強程度**の中規模の地震の揺れを想定した「**旧耐震基準**」より、建物に必要とされる基準が強化されました。

その後、2000年には、地盤調査の規定の充実などが盛り込まれ、新耐震基準がさらに補強されました。**(2000年基準)**

1981年5月31日以前の旧耐震基準で建築確認申請を行った建物に対し、現行の基準と同等の強度を有しているかを判定する作業を**耐震診断**といい、診断の結果、強度不足が認められると補強工事が必要となります。

旧耐震基準で建てられた建物は、現行の建築基準法の基準で必要とされる耐震性を備えていない**既存不適格建築物**であり、金融機関も融資の取り扱いには厳しい姿勢です。

❖POINT❖　金融機関が敬遠する物件

❶旧耐震基準の建築物で耐震診断未実施の物件
❷耐震診断を行った結果、強度不足が認められたが、必要とされる補強工事が未実施の物件。⇒ **※補強工事実施予定の有無がキーポイント**
❸旧耐震基準の建築物で、緊急輸送道路沿道沿いの物件

1995年1月17日、6,434人もの犠牲者を出した阪神・淡路大震災では、犠牲者の死因の9割が住宅などの倒壊によるもので、被災した木造住宅の98％が旧耐震基準で建てられた既存不適格建築物でした。

また、これほどまでに甚大な被害をもたらした背景には、被災地における避難や救助、救援物資の供給などに利用される主要道路を、倒壊した建物が塞ぎ、緊急車両の通行を妨げて混乱を招いたことが指摘されています。

売却時に不利になるだけでなく、入居者の安全性が担保できない物件の購入に関しては、より慎重に検討すべきと言えます。

以前、旧耐震の物件で金融機関の審査が通りませんでした。

旧耐震基準、既存不適格建築物に対する金融機関の取り扱いは、今後ますます厳しくなると思うよ。

4-05 違反建築物が不動産投資に与える影響

違反建築物はリスクが大きいですね。最も多い違反項目は何ですか？

建蔽率と容積率。"より広く""より大きく"を追求してきた代償だね。

■建蔽率＆容積率オーバーは最も多い違反のケース

建蔽率とは、建築物の「広さ」に対する制限で、**敷地面積に対する建築面積の割合**で示します。

建築面積とは、建物を真上から見た**水平投影面積**のことですが、正確な建築面積が分かりにくい場合は、各階で最も面積の広い1階部分の床面積を目安に計算するとよいでしょう（正確には、軒、庇など1mを超える突出部がある場合、先端から1m外壁寄りに後退した部分までが建築面積に加算されます）。

次に、**容積率**とは、**建築物の大きさに対する制限**で、**敷地面積に対する延床面積の割合**で示します。

> 建蔽率（％）＝建築面積／敷地面積×100
> 容積率（％）＝延床面積／敷地面積×100

建蔽率や容積率は、各地域・地区毎に定められていますが、この2つの制限オーバーが最も多い違反項目です。

例えば、建蔽率60％、容積率200％と指定された地域内において、敷地面積100㎡、建築面積80㎡、延床面積240㎡の3階建てであれば、建蔽率20％、容積率40％のオーバーとなります。

正確な超過率や超過面積までは計算できなくても、物件資料、登記簿謄本、建築計画概要書などから、概ね違反の有無を判断することができます。
　建物全体の収益性を上げるため、法規制を守らず建てられた物件は市場にたくさん存在します。
　建蔽率や容積率オーバーの違反建築物は、金融機関の融資が受けにくく、将来的な売却が困難になります。また、行政から違反部分の除去や使用禁止を命じられ、不動産投資ができなくなる危険性もあります。
　違反建築物に関しては、行政の対応、金融機関の取り扱いが、今後ますます厳しくなります。
　高利回りで魅力的な物件に思えても、将来の売却時や入居者への影響を考えた慎重な判断が必要です。

■無許可の用途変更や違法増築はリスクが高い

　建蔽率と容積率に次いで多い違反項目が、**建物の用途変更に関わる違反**です。特に市場でよく目にするケースが、収益性を上げるため、もともと車庫だった部分を店舗や住居に改築する、「**車庫転**(しゃこてん)」と呼ばれる違反行為です。
　無断での用途変更も問題ですが、容積率には、駐車場部分を面積に不算入とする緩和措置があり、車庫以外の用途（店舗、住居など）に変更することにより、容積率オーバーとなっている物件がたくさんあります。
　特に、店舗（飲食店など）に改築されている物件は、建築基準法だけでなく、**消防法違反**となっている可能性が高いため注意が必要です。
　また、用途の変更に伴い、建物の増築となる場合、原則、建築確認申請が必要です（防火地域の指定のない地域における10㎡以下の増築を除く）。
　増築による建築確認申請を行う場合、既存の建築物が検査済証を取得していることが前提となるため、検査済証を取得していない物件の増築は、必然的に車庫転の場合と同様、悪質性の高い違法増築となります。
　このような物件は、金融機関による融資は対象外とされ、行政から除去や使用禁止が命じられる可能性があります。
　物件調査においては、現況と建築計画概要書、法務局で取得できる建物図面とを十分に比較し、不自然な箇所がないか慎重にチェックしておく必要があります。

確かに、不自然に一階部分が店舗とかに改築されてる物件を目にしますね。

車庫よりも、店舗で貸した方が収益性が上がるからね。悪質性の高い物件の取り締まりはどんどん厳しくなるから、絶対に手を出さない方がいいよ。

■意外と盲点！ ロフトではなく居室だった

戸建てやワンルームで人気のロフト。季節物の収納などに便利で、不動産投資で入居者募集する上でも大きなアピールポイントになります。

ロフトは、建築基準法では「**小屋裏物置等**」と呼ばれ、設置には以下に挙げる明確な基準があります。

❖POINT❖ ロフトの設置基準
❶ロフトの天井高は1.4m以下であること。
❷ロフトの床面積は直下階の床面積の1/2未満である。

ロフトの天井高が1.4mを超え、床面積が直下階の床面積の1/2以上となると、ロフトではなく居室扱いとなり、階（フロア）とみなされます。

2階建ての戸建であれば、3階建てとなり、条例などで3階建ての建築が禁止されている地域においては、**重度の違反建築物**とみなされます。

是正方法としては、ロフトを規定内のものに改築する方法が考えられますが、違反内容のほとんどが天井高オーバーによるものであるため、**建物自体の高さ制限も超過**している可能性があります。

そのような物件の場合、現実的に是正は不可能となります。

ロフトは、建物内（室内）にあり、しかも、「収納」というイメージが強いため、専門的な知識がなければ見落としがちな盲点です。

競合物件に差別化できるアピールポイントであるはずのロフトが、想定外のウィークポイント、是正困難な違反箇所とならないよう、注意深く確認しましょう。

学生時代に借りてたワンルームにロフトがありました。言われてみれば、天井が高かったような…

天井高1.4m超？　ヤバイ！きっと違反建築よ！

今から測ってきたら（笑）

■ 是正不可能！「採光不良」違反建築物

　ロフト（小屋裏倉庫等）と同様、狭小地に建てられたワンルームなどでよく目にする違反項目に**採光不良**があります。

　建築基準法では、居室としての採光確保を目的に、**居室面積の1/7以上の開口部「採光に有効な窓」**の設置が義務付けされています。

　本来、他の規制同様、建築確認申請通りに建築すれば起こらない問題ですが、建築確認済証取得後に建物内や室内の配置換えなどが行われた結果、違反となるケースがほとんどです。

　採光不良に関しては、事実上、**後からの是正が不可能な違反項目**となります。

　入居者に快適で健康的な生活を提供できない物件は購入すべきではありません。「少し暗いから家賃を低めにしました。」というレベルの問題ではないのです。

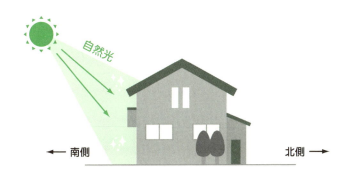

アパート＆マンションの違反建築を見極める

違反建築物はリスクが大きいですね。その点、アパートやマンションは造りもしっかりしてるし、基準も守ってそうですね。

集合住宅の方が、完全確保を重視した厳しい基準が設けられてるから、違反建築物も多いんだよ。

■集合住宅は一般住宅より厳しい規制がある

　アパートやマンションなど集合住宅の場合、複数の住人が一緒に生活する空間です。小さい子供から高齢者まで年齢層や家族構成も様々です。

　そのため、建築基準法、その他の関係法令に関しても、事故や災害など有事の際の"安全確保"の視点で設けられた基準が多く、一般住宅に比べ厳しい規制が設けられています。

　しかし実際には、建築時期の古い建物を中心に、法令で定められた基準を満たさない重度の違反建築物が、たくさん不動産市場で取引されているのが現実です。

　これから集合住宅における違反項目の一例を紹介しましょう。

■最悪は刑事責任も！　廊下幅員＆二方向避難経路違反

　集合住宅における安全確保に配慮した規制の1つに、共用廊下の幅員制限があります。

　各階の住戸部分の面積が100㎡を超えるものは、廊下の両側に住戸がある場合で1.6m以上、片側に住戸がある場合で1.2m以上の有効幅員の確保が必要になります。

　火災など緊急時における安全な避難経路の確保が目的です。

また、廊下の幅員の他、緊急時の**二方向の避難経路の確保**も重要です。

集合住宅で各階の居室部分の面積が **100㎡（主要構造部が準耐火構造または不燃材料の場合は 200㎡）を超えるもの**は、地上に繋がる **2 つ以上の直通階段**が必要となります。直通階段の位置は、居室からの歩行距離によって定められています。

緊急時の安全確保を目的とした廊下の幅員確保や二方向避難経路の確保は、物件所有者の義務であり、違反建築物で事故が起こってしまった場合、刑事責任を問われることもあります。

収益性ばかりに意識を向けて、入居者の安全面を担保できない物件を購入してしまうことのないよう慎重にチェックしましょう。

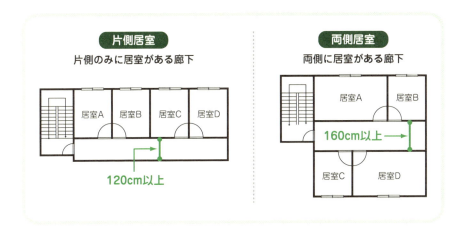

■ 共用階段にも厳しい規定あり

集合住宅の廊下と同様、**階段**にも注意が必要です。建築基準法では、階段の❶**幅**❷**蹴上**❸**踏面**に規定を設けており、必要とされる寸法は、建築物の**用途、規模、階段の構造**などによって異なります。

階段の場合、転倒や転落など日常生活における事故が多く、安全対策が欠かせません。高齢者や障がい者など利用者の身体への負担も考え、厳しい基準が設けられているのです。

共用廊下と同様、階段の設置基準に関しても、火災など**緊急時の安全確保**を目的に定められた基準であり、技術的にも、資金的にも購入後の是正が困難であれば、購入は見送ることが妥当と言えます。

❖POINT❖ 階段の ❶幅 ❷蹴上 ❸踏面の基準

(a). 直上階の居室の床面積の合計が200㎡を超える地上階用のもの
❶1200mm以上　❷200mm以下　❸240mm以上

(b). 居室の床面積合計が100㎡を超える地階、地下工作物内のもの
❶1200mm以上　❷200mm以下　❸240mm以上

(c). 上記(a)(b)以外の階段
❶750mm以上　❷220mm以下　❸210mm以上

(d). 屋外階段（直通階段）
❶900mm以上　❷❸上記(a)〜(c)の数字

(e). 屋外階段（その他の階段）
❶600mm以上　❷❸上記(a)〜(c)の数字

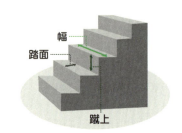

　小学校（児童用）は、❶1400mm以上、❷160mm以下、❸260mm以上、中学校、高等学校、劇場、集会場、物販店（床面積の合計が1500㎡を超えるものの客用）などは、❶1400mm以上、❷180mm以下、❸260mm以上と、基準が更に厳しく設けられています。

　また、集合住宅の場合で、特に多い違反項目が（d）**屋外階段（直通階段）の幅900mm以上**の基準を満たしていないケースです。

　違反が発覚し是正が必要となると、既存階段の撤去、鉄骨階段の新設など、階段の架け替え工事で数百万円という想定外の出費となる可能性があります。

階段でも上り下りが楽なものと、辛いものがあると思ったら、細かい基準があるのですね。全然、知りませんでした。

階段の場合、日常生活における事故、利用者の身体への負担も考えた厳しい基準が設けられているんだよ。

■居住者の生命に関わる「界壁(かいへき)」施工不備

集合住宅における避難経路の確保と同様、理解しておきたいのが「**界壁**(かいへき)」の存在です。

界壁とは、**火災による延焼防止や騒音の侵入防止を目的に、隣室との間に設けられた壁**です。

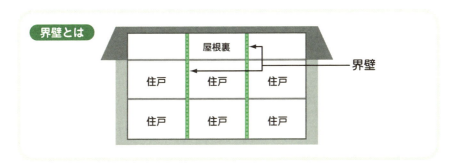

界壁には、**防火性能**と**遮音性能**(しゃおん)が求められ、**小屋裏や天井裏に達するように設置**することが必要です。

しかし、実際には、隙間があったり、界壁内部の充填材が規定外のものであったり、悪質なケースでは、小屋裏に界壁自体が設置されていないような重度の違反建築物も存在します。

界壁は建物完成後には隠れてしまう部分であるため、簡単な目視による見極めは難しいですが、浴室点検口などから隣室側を覗き込むことで界壁の有無はチェックできます。

また、入居者からの騒音に対する苦情などで発覚することもあります。

界壁の施工不備が発覚した場合、是正自体は不可能ではありませんが、天井部の解体、界壁設置・補修、天井部の復旧、内装工事と、相当大掛かりな作業となり、工事期間中の入居者に対する金銭的補償も考慮すると、膨大な費用負担となります。

そして何より、入居者の快適で安心安全な生活が保障できない違反建築物には、手を出してはいけません。

検査機関による検査を受けず、検査済証を取得していない物件、特に築年数の経過した古い物件の場合、界壁施工不備の可能性があるため、注意が必要です。

アパート＆マンションの共用施設はここをチェック！

一棟物を選ぶ時は、建物の共用施設を必ず確認すべきだよ。修理、交換、メンテナンスとお金がかかるものばかりだから。

確かに、購入してすぐに大きな施設が壊れたらダメージ大きいですよね。

■マンションの維持費用は意外と高額！

　集合住宅の場合、ライフラインなど生活に関わる施設は、**法令で定められた点検、調査、報告や定期的なメンテナンス**を必要とするものが多く、所有期間中のランニングコストはもちろん、経年劣化や故障などに伴う機器の修繕、交換となると高額な費用負担が生じます。

　区分マンションのように、管理組合や管理会社が計画的にメンテナンスを行い、維持管理状態が良好であれば安心です。

　一方、投資目的で所有する個人オーナーや企業が売り出している物件の中には、定期点検やメンテナンスに予算をかけず、施設の状態が決して良くないものもたくさん存在します。

　一棟物は、価格も高額で投資規模も大きいため、購入後、想定外の出費で運営を圧迫することのないよう、**施設の耐用年数や経年劣化の程度に応じた修繕費用や交換費用を考慮した資金計画**が必要になります。

■消防用設備は常に法令に適合している必要あり

　収益一棟物を検討する上で、最も注意すべき設備として**消防用設備**があります。

　消防用設備に関しては、建築基準関係規定である**消防法**によりその設置及

び点検・報告が義務付けられていますが、建築基準法との決定的な違いは**既存不適格を容認していない**という点です。

つまり、法改正により消防用設備の設置基準や規制が強化されれば、常に法令に適合するよう是正が求められるわけです。

特に、物件の一部（1階部分など）に火気を使用し不特定多数の人が利用する飲食店などがある場合は規制が厳しく、現行法に適合しているか注意が必要です。

消防用設備に関しては、**6カ月毎の機器点検**と**1年毎の総合点検**が義務付けられています。

検討中の物件の「**消防用設備等点検結果報告書**」を確認し、法令点検を実施しているか、不良箇所など指摘事項はないかを必ず確認しましょう。

未対応の指摘事項や不具合箇所があれば、売主側の負担で対応してもらうか、購入後の対応を考慮した資金計画を立てることが必要です。

❖POINT❖ 消防用設備

❶**自動火災報知設備**⇒火災による煙や熱を自動で感知し、警報ベルで火災を周囲に知らせる設備。

❷**非常警報設備**⇒火災発生時、手動でボタンを押すことで非常ベルが鳴動し、火災を周囲に知らせる設備。

❸**避難ハッチ**⇒ベランダやバルコニーに設置された避難器具。金属製の避難はしごが収納されており、火災発生時に下階に移動する。

❹**誘導灯**⇒災害発生時の避難を容易にするため、避難口や通路に設置された照明設備。非常時は停電防止のため常用電灯から非常電灯に切り替わる仕組み。

❺**連結送水管**⇒送水口、放水口、放水用器具格納箱からなる消火設備。消防ポンプ自動車から送水口を通じ送水、消防隊が放水口にホースを接続し消火活動を行う。

❻**消火器**⇒人が操作して初期火災の消火を行う設備。メーカーが推奨する設計標準使用期限は、業務用消火器で製造から概ね10年、住宅用消火器で概ね5年となる。

父がよくアパートの消防用設備点検の立会いが大変だと言ってます。

消防用設備は住人の命を守る大切な設備だから、常に良好な状態を維持しないとね。

■貯水槽(受水槽)の定期メンテナンスは実施している？

貯水槽(受水槽) とは、集合住宅やビル、商業施設などで建物内に供給するために水を貯めておく施設です。

貯水槽には、有効容量10㎥を超える「**簡易専用水道**」と10㎥以下の「**小規模貯水槽水道**」があります。

水道法では、簡易専用水道の設置者・管理者に年1回以上の清掃と水質検査を義務付けています。

小規模貯水槽水道の場合、水道法による法的義務はありませんが、住人の大切な生活用水を貯水する施設であるため、有害物や病原体による水系感染症を引き起こすことのないよう、家主として衛生管理に努めなくてはいけません。

また、貯水槽で多いトラブルの1つが、**水位を調整するボールタップの故障**です。

ボールタップの耐用年数は15年程となりますが、ボールタップが故障すると、給水が止まらなくなったり、逆に水位が下がっても給水されずに断水事故を起こすこともあります。

これは、定期的なメンテナンスを行っていない古い小規模貯水槽水道で頻発するトラブルです。

不動産投資の対象となるほとんどのアパートやマンションは小規模貯水槽水道であり、何年も清掃や水質検査を行うことなく放置されている物件が少なくありません。

検討中の物件が、簡易専用水道、小規模貯水槽水道のどちらであるか、定期的なメンテナンスを実施しているかを、**貯水槽の清掃記録や点検記録、水質検査結果書**で必ず確認しましょう。

■給水ポンプは給水方式＆ポンプの種類を確認！

　貯水槽とともに、建物内への給水設備として重要なのが**給水ポンプ**です。

　給水ポンプは建物内への給水方式により用いるポンプの種類が異なります。

　まず、貯水槽を使用せず、直接、水道本管から水を引き込む**直結増圧給水方式**で用いるポンプを**増圧ポンプ**といい、給水管内の水圧を増す役割があります。主に3階建てまでの低層物件で利用されます。

　次に、地表に設置した貯水槽（受水槽）に水を貯めて建物内に供給する**加圧給水方式**で用いるポンプを**加圧ポンプ**といい、主に中規模のマンションやビルで利用されています。

　また、地表の貯水槽の他に、建物屋上にも**高架水槽**を設置し、水の重力によって上層階から低層階へ給水する**高架水槽給水方式**では、地表の貯水槽から屋上の高架水槽まで水を持ち上げる**揚水ポンプ**を利用します。

　主に高層で大規模な建物で用いられ、高架水槽内の水位に応じて作動する仕組みです。

　給水ポンプの寿命（耐用年数）は、ポンプの種類や設置状況、使用頻度などにより異なりますが、概ね**10年から15年程**となります。

　通常、**5年から8年程でオーバーホール（分解整備）**しますが、ベアリング、メカニカルシールなどの部品が15年で廃盤になるため、断水など給水トラブルが起こる前に機器を取り替える（更新する）ことになります。

　給水ポンプは高額なものが多く、中規模マンションなどで利用されている加圧ポンプの場合で、約150～250万円程度（施工費込み）は必要です。

　万一、給水トラブル、断水事故が起これば、復旧するまでの間、入居者に対する補償も必要となります。

　購入を検討している物件に給水ポンプが設置されている場合、ポンプの種類、年式、型番、過去のオーバーホールの有無などを、必ず確認するようにしましょう。

❖POINT❖　給水ポンプの種類と給水方式

❶増圧ポンプ（直結増圧給水方式）　※主に低層物件で利用
❷加圧ポンプ（加圧給水方式）　※主に中規模のマンションやビルで利用
❸揚水ポンプ（高架水槽給水方式）※主に高層で大規模な建物で利用

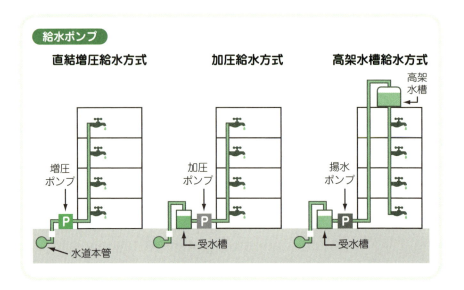

学生の頃、マンションで断水事故がありました。貯水槽か給水ポンプが原因だったのかも。

区分マンションと違って何年もメンテナンスを怠っている物件も多いから、充分に注意しないといけないね。

■浄化槽は本体交換＆維持管理に膨大な費用がかかる

　私たちの日常生活における生活排水（汚水、雑排水）は、**下水道**に放流したり、**浄化槽**できれいな水にしてから河川や水路に放流したりしています。
　浄化槽は、繁殖させた微生物の働きによって汚水や雑排水を消毒し、きれいな水に浄化する設備で、主に下水道が整備されていない地域で使用されています。
　浄化槽には、トイレから流す**汚水のみを処理する「単独浄化槽」**と、汚水の他、キッチン、浴室、洗面から流す**雑排水も処理する「合併浄化槽」**があります。
　深刻な水質汚濁の原因となる単独浄化槽は、2000年の浄化槽法の改正によって、新設は原則として禁止、既に設置されている単独浄化槽も合併浄化

槽への転換に努めるものとされています。

購入を検討している物件に浄化槽が設置されている場合、**単独浄化槽か合併浄化槽かの確認が必要**です。

単独浄化槽の場合、将来的な合併浄化槽への交換を検討しておくことが必要ですが、トイレ、浴室、流し台、洗面などの全ての排水管改修工事を伴うため、かなり大がかりな工事となります。

しかも、戸数の多い集合住宅の場合、入居者への配慮も必要となるため、膨大な費用が必要です。

また、浄化槽法では、❶**保守点検**、❷**清掃**、❸**法定検査**を行うことが規定されています。

保守点検は、家庭用の浄化槽の場合、**年4回程度**（処理方式などにより異なる）の実施が必要です。浄化槽の**清掃は年1回以上**、行政の許可を受けた指定業者で行うことが必要です。

また、保守点検や清掃が適切になされているか、**年1回**の頻度で**法定点検**の実施が義務付けされています。

このように、浄化槽が設置された物件では、本体交換に膨大な費用がかかり、維持管理にも費用が必要になるため、物件購入後の想定外の出費が賃貸運営を圧迫することにならないよう、事前にしっかりと試算しておくことが必要です。

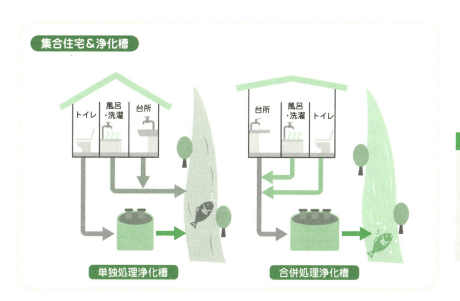

4-08 アパート＆マンションの雨仕舞はここをチェック！

集合住宅では、外壁、屋根、ベランダなどの雨仕舞が非常に重要なんだ。

ア・マ・ジ・マ・イ？

建物内への雨水の侵入を防ぐための工事のこと。雨漏り対策だね。

■ 集合住宅は雨漏り対策の実施をチェック！

アパートやマンションでは、**雨仕舞**（あまじまい）が特に重要です。雨仕舞とは、**外壁**、**屋根**、**ベランダ**などから、雨水が建物内部に侵入しないような仕組みを施すことです。

建物規模が大きく、複数の住人が生活する集合住宅の場合、修復費用、入居者に対する補償など、雨漏り被害による損失は膨大です。

特に、木造アパートの場合、雨漏りから木部腐食やシロアリ被害が起こり、放置すれば、建物が倒壊する危険性もあります。

雨漏りに関しては、原因箇所となる部位の改修工事を継続的に実施していくことで、最大限リスクを軽減できます。

しかし、共用施設と同様、市場に出回っている収益物件の中には、必要とされる改修工事をほとんど実施せず、放置されている物件も少なくありません。

大規模修繕に関しては、1つひとつの工事規模が大きく、費用も高額となるため、過去の修繕履歴を参考に現状を正確に把握し、必要となる工事予算に応じた購入価格、資金計画を判断しましょう。

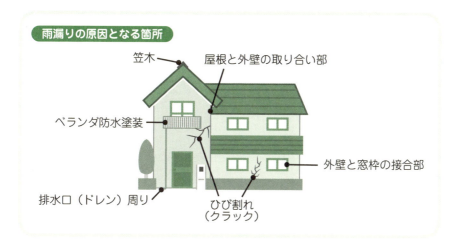

雨漏りの原因となる箇所
- 笠木
- 屋根と外壁の取り合い部
- ベランダ防水塗装
- 外壁と窓枠の接合部
- 排水口（ドレン）周り
- ひび割れ（クラック）

■ 外壁の「構造クラック」は危険信号！

アパートやマンションの**外壁**で、特に注意すべき症状に**ひび割れ（クラック）**があります。外壁のクラックは、代表的な雨漏り原因の１つです。

外壁のクラックでも、「**ヘアークラック**」と呼ばれる**幅0.3㎜未満**の髪の毛ほどの細いひび割れは、コンクリートなどの乾燥収縮によって生じるもので、深刻な問題はありません。

問題は、外壁や基礎に縦ラインで入った**幅0.3㎜以上、深さ4㎜以上**の「**構造クラック**」と呼ばれるひび割れです。

構造クラックの場合、建物の構造上の欠陥か不同沈下による建物の傾斜や歪みが生じている可能性があります。

最悪の場合、大地震などで建物の倒壊に繋がる危険なひび割れであるため、検討中の物件で同様の症状を発見したら、事前に専門家に相談することをお勧めします。

外壁の修繕工事には、**塗装**、**目地シーリングの打ち替え**、**外壁材の張り替え**などがあります。

塗装工事は、外壁材の防

構造クラックの例

水効果の長寿命化、目地シーリングの打ち替えは、外壁材の隙間からの雨水侵入防止、外壁材の破損防止効果があります。

> ❖POINT❖　工事実施の目安
> ❶外壁の塗装工事⇒約10年〜15年
> ❷目地シーリングの打ち替え⇒約10年〜15年
> ❸外壁材の張り替え工事⇒約30年〜35年

■屋根は「屋上防水工事」がポイント

建物の屋根は、**形状**（切妻、寄棟、片流れなど）や**屋根材**（瓦、スレート、ガルバリウム鋼板など）によってたくさんの種類、特徴があります。

アパートやマンションなど比較的規模の大きい集合住宅では、傾きのない平らな「**陸屋根**」が多く、雨水の侵入防止を目的に、

> ❶アスファルト防水
> ❷シート防水
> ❸ウレタン防水

屋上防水工事

などの防水工事を施します。

屋上防水は、経年劣化によって防水性能が低下します。劣化が進行し、**塗膜の剥がれ**、**防水層の膨れ**、**ひび割れ**などの症状が確認され、適切な対応をせずに放置すると深刻な雨漏り被害を招くことになります。

それぞれ、防水工事の種類によって耐用年数が異なるため、施工方法、実施時期を必ず確認しましょう。

> ❖POINT❖　屋上防水工事の種類と耐用年数
> ❶アスファルト防水⇒15年〜25年
> ❷シート防水⇒10年〜15年
> ❸ウレタン防水⇒10年〜12年

■ベランダの雨漏り原因箇所を厳しくチェックする

　外壁、屋根とともに、雨漏り原因として多いのが、ベランダやバルコニーの防水性能の劣化によるものです。

　屋上防水同様、アスファルト防水、シート防水、ウレタン防水など防水工事を施しますが、経年劣化によって、**塗膜の剥がれ**、**防水層の膨れ**、**ひび割れ**などの症状が現れているようであれば、注意が必要です。

　また、床面の防水層の経年劣化以外にも、**腰壁と笠木の接合部、吹き出し窓との取り合い部、排水口（ドレン）周り**の経年劣化や防水処理不良も雨漏りの原因となるため、最終の防水工事の施工時期を必ず確認しましょう。

ベランダ改修

■鉄部塗装は塗膜の劣化レベルを確認する

　共用廊下や非常階段、ベランダ手摺りなどの鉄部塗装も重要です。

　外壁や屋根、ベランダなど、他の改修工事に比べて、**短い周期での工事が必要になる**点が特徴です。

　国土交通省の「長期修繕計画作成ガイドライン」では、雨掛かり部分で4年、非雨掛かり部分で6年とされていますが、劣化の程度に応じて**概ね5年程度の周期を目安にする**とよいでしょう。

　鉄部塗装は、**美観の向上**だけでなく、**鉄部の錆防止**が一番の目的です。**錆**を放置すると**腐食**が起こり、最終的に**破損**や**崩落**へと被害が拡大します。

　鉄部塗装は工事周期が短いため、塗膜の劣化レベルを確認し、適切な対応時期を判断するようにしましょう。

❖**POINT**❖　塗膜の劣化レベル
❶ **レベル1**　表面の艶がなくなる。色あせが目立つ。
❷ **レベル2**　チョーキング現象が起きる（手で触れると白い粉が付く状態）
❸ **レベル3**　塗膜のひび割れ、剥がれ

4-09 区分マンション「現地」で押さえる重要ポイント

貴子さんは、区分マンションが得意だったよね。どのへんを注意してチェックしてる?

得意ではないですけど(笑)、やっぱり住人目線で**管理状態を細かく確認**しています。

私がマイホームを買う時はよろしくお願いします!

　区分マンションを現地で確認する際は、実際に生活する**住人の目線で確認**することが重要です。

　「**マンションは管理を買え!**」と言われるように、エントランス、駐輪場、ゴミ集積場など共用部分の管理状態や外壁、階段、鉄部などの劣化や損傷箇所の有無、大規模修繕は計画的に実施されているかなどを確認します。

■掲示板は「情報の宝庫」! 現地に着いたら最初に確認

　現地で最初に確認しておきたいのが、1階の**掲示板**です。

　掲示板には、夜間の騒音、ペット飼育に関する苦情、大規模修繕の予定など、**マンションの現状を把握するための貴重な情報がたくさん掲示**されています。

　不動産業者や管理員の説明だけでは分からないマンション住人の**「生の声」**を知ることができます。

■管理員や清掃スタッフの業務態度を観察する

管理員や清掃スタッフの業務態度を観察するのも大切です。

清掃作業の時間帯であれば、清掃員が何人体制で作業しているかが分かります。

同規模の物件でも、管理員がほぼ一人で対応しているところもあれば、管理員以外に2名〜3名程の清掃スタッフが作業しているところもあり、日常清掃費に充てられる管理組合の予算も想像できます。

また、管理員は管理組合と管理会社の橋渡し役、日常生活における住人の相談窓口となる重要な立場です。住人とのコミュニケーションの様子から信頼関係や管理組合と管理会社との関係性も見えてきます。

住人の立場になって、安心して生活できる環境であるかを感じ取りましょう。

管理員や清掃員の方がしっかり仕事している物件はすごく安心ですよね。

住人との信頼関係や管理組合と管理会社の関係性も見えてくるよ。

■共用部分はマンションの顔！　住人目線でチェック！

マンションの**管理状態**を知るのであれば、**共用部分の状態**を細部までしっかり確認することです。

集合ポスト付近にチラシが散乱していたり、ゴミ集積所付近の不法投棄や鳥獣被害、駐輪場が整理されておらず、放置自転車が目立つようであれば、管理状態に大いに問題があります。

共用部分の乱れは、単純に管理会社の業務レベルの問題ではありません。管理組合の財務上の問題によって、管理面に適切な予算が組まれていなかったり、共用部分や共用施設の改修に充てる修繕積立金が不足している可能性があります。

共用部分は、**管理組合運営の「質」が現れるマンションの「顔」**なのです。

❖POINT❖ チェックポイント

◎ **エントランス** ⇒ 清掃は行き届いているか。壁面や床面などの損傷の有無
◎ **掲示板** ⇒ 古い掲示物の放置、騒音・ペット飼育マナー注意喚起広告の有無
◎ **集合ポスト** ⇒ チラシ類の溢れ出しや散乱の有無
◎ **ゴミ集積所** ⇒ 粗大ゴミ不法放棄、指定日以外のゴミや未分別のゴミの放置
◎ **駐輪場** ⇒ 指定場所以外への放置、駐輪シール未貼付や長期未使用車の放置

■「防犯面」を評価する（セキュリティシステム）

マンション住人が安心して生活できる環境を維持するためには、**セキュリティシステム**が重要です。

敷地の広いマンションの場合、駐輪場、ゴミ集積所など、共用部分に死角が多く、必要な箇所に防犯カメラが設置されていないようでは防犯面で不安が残ります。

実際、日中は静かで落ち着いた環境に思えても、深夜になると若者達が大声で騒ぎ、通報を受けた警備会社や警察が一晩に何度も出動するといった問題を抱えるマンションもあります。

女性や子供、高齢者の立場として、安心して生活できる住環境が整っているかをチェックしましょう。

女性や子供、お年寄り。入居者が安心して生活できる物件を選ばないとね。

お客様から最も質問される内容です。今はオートロックやモニターホンは必須の設備ですもんね。

■防災面、安全面を評価する（事故＆災害対策、弱者対策）

マンションには、エレベーター、消防用設備など、定期検査や法定点検が義務付けされた設備がたくさんあります。

エレベーターは、保守点検、定期検査報告が必要となる設備です。事故や災害時も安全に稼働するよう、専門業者による定期的なメンテナンスが必須です。エレベーター内に「**定期検査報告証書**」が貼付されているかを確認しましょう。

最近では、エレベーター内に**防災セットキャビネット、共用部（エントランスなど）にAED（自動体外式除細動器）を設置**しているマンションが増えており、**管理組合の防災意識の高さ**を判断することができます。

消防用設備は、火災から住人を守る大切な設備です。錆び付いた非常ベルや期限切れの消火器が放置されているような場合、安全面に大いに問題があると判断せざるを得ません。

また、高齢者や障がい者の安全面に配慮した設計が施されているかも重要です。

敷地内やエントランス付近に段差がある場合は**スロープや手摺りの設置**、共用廊下には、雨天による**転倒防止用シート**が設置されているか確認しましょう。

■「将来性」を評価する（外壁、共用廊下、階段、鉄部、各室玄関ドア）

外壁、廊下、階段、鉄部、各室玄関ドアなどは、**大規模修繕工事が計画的に実施されているか**を注意深く確認します。

外壁や基礎にクラックや塗装剥れ、破損などが目立ち劣化状態が著しいようであれば、長期修繕計画に応じた計画性ある大規模修繕工事が実施されていない可能性があります。

昨今では、建築費高騰（建築資材・人件費高騰など）などに伴う**修繕積立金不足**によって、大規模修繕が計画書通りに実施できない管理組合が増えています。

大規模修繕工事の計画的実施は、**マンションの「将来性」**を判断する重要な指標の1つです。

管理会社から発行される**重要事項調査報告書**や過去の修繕履歴を基に、慎重な判断が必要となります。

4-10 区分マンションの「重要事項調査報告書」をチェックする

重要事項調査報告書には、管理組合運営の質や将来性を見極める情報がたくさん記載されているんだよ。

最初は管理費と修繕積立金しか見てませんでしたが、最近は色々と細かくチェックしてます！

　区分マンションの場合、**管理会社に依頼**することで、専有部分の管理費、修繕積立金の月額や滞納額、大規模修繕の予定の有無など、**管理組合運営に関わる重要事項が記載された「重要事項調査報告書」を取得**できます。
　重要事項調査報告書は、対象物件の売却依頼を受けている宅建業者や所有者が取得可能であるため、具体的に物件の購入を検討する場合、協力を依頼しましょう。

■ 管理費＆修繕積立金のバランスと金額設定が大事！

　管理費、修繕積立金に関しては、内容よりも支払い総額に注目する人が少なくありません。
　特に、不動産投資の場合、月々のキャッシュフローに直接影響するため無理もありませんが、本当に大切なのは**管理費、修繕積立金のバランス**とそれぞれの**金額設定の妥当性**です。
　マンション住人が快適で住みよい生活環境を維持するために適切な管理費であるか、将来的な大規模修繕を計画的に実施するために妥当な修繕積立金の設定であるかを、常に検討する必要があります。
　特に、修繕積立金は、**長期修繕計画**を基に計算されるため、建築資材や人件費の高騰なども視野に入れて、適宜、工事項目や工事予算を見直すことが必要です。

■修繕積立金の累計額で大規模修繕工事ができるか？

修繕積立金の累計額とは、将来的な**大規模修繕工事**のために管理組合全体で貯えているお金です。

重要なポイントは、総額の大きさではなく、予定されている大規模修繕のために金融機関からの借入れを起こさず、工事を実施できるだけの蓄えがあるかという点を、**長期修繕計画書**や**過去の実施履歴**を基に見極めることが必要になります。

修繕積立金が不足し大規模修繕が実施できていない物件、災害による復旧費用の取り崩しに余裕のないマンションは、不動産としての資産価値が低く、将来性に期待ができません。

長期修繕計画、大規模修繕、修繕積立金の累計額は、トータルで判断することが大切だね。

やっぱり、計画的に大規模修繕が実施できるかが、将来性を見極めるキーポイントですね。

■管理費・修繕積立金の改定予定

管理費や**修繕積立金の改定予定の有無**は、非常に重要な確認項目です。

特に、修繕積立金は建物の老朽化とともに見直しされるのが一般的です。投資目的で所有する場合、**所有期間中の金額改定は、月々のキャッシュフローに直接影響**するため、注意深く確認しましょう。

管理費・修繕積立金の改定予定の有無は、**重要事項調査報告書**に記載されていますが、必ず、**過去の総会議案書、議事録も確認**しておきましょう。

報告書に「改定予定なし」と記載されていても、過去に総会で審議されていれば、改めて議案化される可能性があります。

お客様が購入翌年に積立金が値上げになったと怒ってました。

過去の総会議案書や議事録も確認しておかないとね。

■管理費・修繕積立金の滞納額

　管理費、修繕積立金等の滞納額には、❶**取引対象となる物件（専有部分）の滞納**と❷**マンション全体の滞納**とがあります。

　専有部分の滞納の場合、**新たな所有者（特定承継人）に支払い義務が承継される**ため、必ず、**所有権移転までに売主に支払ってもらう**ことが必要です。

　マンション全体の滞納に関しては、長期滞納者の存在や、全体としての滞納額や滞納件数が多ければ、組合運営上に問題がないか注意しておくべきでしょう。

■大規模修繕の実施計画をチェック！

　現在予定されている**大規模修繕工事の実施予定**を確認します。

　長期修繕計画との実施内容・実施時期に大幅なズレが生じていないか、工事実施に関わる**一時金の負担**や**修繕積立金の改定予定**などがないかを確認しておきましょう。

　また、マンションによっては、長期修繕計画の見直しがなされていないところもあるため注意が必要です。

　総会決議待ちの状況であれば良いのですが、見直し自体がなされず長年放置されているような場合、適正な管理組合運営がなされているとは判断できません。

　長期修繕計画書の有無、作成時期などは、金融機関も重視する項目ですので、必ず事前に確認しておきましょう。

■大規模修繕の実施履歴で管理組合の健全性をチェック！

　区分マンションの資産価値を評価する上で最も大切な情報が、**過去の大規模修繕の実施履歴**です。この情報を基に、**長期修繕計画**が計画的に実施され、健全な組合運営を継続しているかを判断します。

　大規模修繕の実施計画、実施履歴に関しては、金融機関が担保評価をする上でも特に重視する項目です。

■管理組合の借入れ金の有無

大規模修繕実施に対する**修繕積立金不足から管理組合が借入れをしていないかを確認**します。

借入れがあれば、**融資残額**と完済予定時期とともに、今後の各区分所有者への一時金の徴収予定や修繕積立金値上げ予定を確認します。

管理組合で金融機関から借入れすることがあるんですね。やっぱり、修繕積立金不足ですか？

そう。借入金がある場合、将来的な修繕積立金値上げの可能性が高いから要注意だよ。

■石綿使用調査結果の有無

アスベスト（石綿） は、1960年代から建築物の耐火被覆として使用されてきました。

その後、中皮腫や肺がんなど健康被害が社会問題となり、段階的に使用が制限され、1975年には、5重量％を超える石綿の吹付けが原則禁止、2006年9月には、労働安全衛生法施行令改正により全面禁止（石綿および石綿をその重量の0.1％を超えて含有する全ての物の製造、輸入、譲渡、提供、使用が禁止）となりました。

2021年4月には、改正大気汚染防止法が施行され、アスベスト含有建築物における飛散防止や除去方法に対する規制が更に厳しく強化されました。

❖POINT❖　改正大気汚染防止法のポイント

❶ 規制対象外であった石綿含有成形板等（レベル3）を含む全ての石綿含有建材が規制対象となる（2021年4月1日から適用）
❷ アスベスト事前調査結果の記録の作成・保存（3年間）・報告（都道府県など）が義務化される（2022年4月1日から適用）
❸ 事前調査を行う者の資格要件が義務化される（2023年10月から適用）

重要事項調査報告書には、**「調査記録の有無」**が記載されていますが、調査実施済みであれば、**調査結果及び対処法（除去、封じ込めなど）**を確認します。
　石綿使用調査に関しては、耐震診断同様、入居者の関心事の１つであるため、今後の実施予定の有無も含め確認するようにしましょう。

■耐震診断結果の有無

　耐震診断（161 ページ）に関しては、積極的な調査実施が推奨されますが、予算上の問題から未実施のまま先送りしている管理組合が多いのが実情です。
　特に、対象物件が緊急輸送道路に面する**「要安全確認計画記載建築物」**に指定され、**耐震診断が義務付け**られている場合、耐震診断の結果が地方公共団体のホームページで公表されるため、**診断未実施、補強工事未実施などの物件は、社会的評価にも大きく影響**します。

石綿使用調査や耐震診断は未実施のところが多いと聞いたのですが、どうしてですか？

調査や診断だけでなく、問題があった場合の是正に膨大な費用がかかるから、組合員の意向をまとめるのが簡単じゃないんだ。

■管理会社の委託形態と管理事務所の業務形態

　現在の**管理会社との委託形態**と**管理事務所の業務形態**、**管理員の勤務形態**などを確認します。
　また、過去の管理会社変更の有無は確認しておくべきです。
　管理会社の変更が繰り返し行われている場合、管理組合の運営上や財務上の問題はないか、前管理会社からの引継ぎは適切になされているのかなどの確認が必要です。

4-11 区分マンション「管理規約&使用細則」で押さえる重要ポイント

麻弥さん、管理規約と使用細則は絶対に読んでおかないといけないよ。

えっ！ 賃貸で貸す場合でも、管理規約とか直接関係あるんですか？

所有者も賃借人も、マンション生活のルールは知っておかないとね。

■ 管理規約＆使用細則は熟読する！

管理規約や使用細則は、マンション生活における大切な「**ルールブック**」です。内装工事を実施する際の制限や注意事項、ペット飼育上のルールなど、不動産投資や入居者の生活に関わる重要な内容がたくさん盛り込まれています。

不動産投資の場合、実際に生活するのは賃借人になりますが、**所有者は賃借人と連帯して管理組合に対する責任を負う**ことになります。

例えば、賃借人がペット飼育上のトラブルを起こしてしまった場合、家主は区分所有者（管理組合員）として、賃借人と協力して問題解決に努め、管理組合に対する責任を果たさなくてはいけません。

管理規約や使用細則は、総会決議で繰り返し改正されるため、**必ず最新分を確認**するようにしましょう。

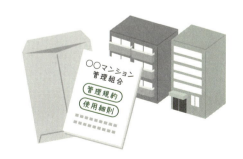

❶ 専有部分の用途制限

居住用、事業用といった専有部分の用途制限が記載されています。具体的には、居宅は居宅、事務所は事務所として利用する旨が定められており、他の用途での使用が制限されます。

一見当たり前の規定のようですが、居宅を事務所として利用するなど、マンションでは用途違反による問題が少なくありません。

最近では、規約改正を行い、専有部分における**住宅宿泊事業（民泊）の禁止条項**を設けているマンションが増えました。

❷ ペット飼育の制限

ペット飼育に関する制限は、不動産投資を行う上で特に重要な項目です。入居者がペットの飼育を希望する場合、管理規約、使用細則で定められた規定を守らなければなりません。

管理規約や使用細則には、飼育可能なペットの**種類**、**頭数**、**大きさ**、**飼育の条件**などが詳しく規定されています。マンションによっては、上下左右の隣接住戸の同意を飼育条件にしているところもあります。

また、過去にマンション内でペット飼育者のマナーが問題となり、理事会で繰り返し審議され、総会議案に上がっているようなケースは、規約改正される可能性があるため注意が必要です。

入居者がペット飼育に関わりマンション内で起こした問題は、所有者（貸主）が、賃借人と連帯して管理組合に対し責任を負うことになります。

賃借人がトラブルに巻き込まれないよう、家主としてしっかりペット飼育上のルールを説明しないとね。

私のお客様がペット飼育でトラブルになったことがあります。

鳴き声、臭い、ペットは家族同然といっても、苦手な人やアレルギーの人もいますからね。

❸ 内装工事の規制（フローリング工事、住宅設備工事など）

　管理規約や使用細則上の改装工事の規制で最も多いのが、**フローリングの規制**です。階下への音の問題を考慮し一定の**遮音基準（L-45以上など）**を設けている場合がほとんどです。

　また、フローリング工事に伴う騒音対応として、工事申請時に上下左右の隣接住戸の同意を条件にしているマンションも少なくありません。

　マンションによってはフローリング工事自体を禁止している物件もあります。

　また、フローリング工事以外にも、**住宅設備（キッチン、浴室など）の取替工事の際の制限や注意事項**が記載されています。直床など建物の構造上、水回り設備の設置場所の移動ができない物件もあるため注意が必要です。

❹ 楽器演奏に関する規制

　ピアノなど楽器演奏に関する制限が記載されています。室内で楽器を演奏する場合の条件（防音工事など）や演奏可能な時間帯など細かく規定されています。

　子供のピアノ練習など、楽器演奏を希望する入居者は少なくありません。入居後に近隣住戸との間でトラブルが起こらないよう、管理規約・使用細則上の規定をしっかりと理解し、賃借人に順守させることが必要です。

❺ 駐車場・駐輪場使用の制限

　駐車場や駐輪場を使用する場合の規定です。**施設を利用できる人の資格、車種、台数、利用料、支払い方法**などが、細かく規定されています。

　区分所有者と占有者（賃借人）とで、利用条件（利用料、支払い方法など）が異なる場合があるため注意が必要です。

　特に、駐車場に関しては、賃借人の利用を許可していないマンションもあります。

　また、自動車保有者数の減少とともに、バイク利用者が増加傾向にありますが、バイク置き場自体が少なく、空きスペースを確保できないマンションが結構多いのです。

　入居者募集を行う場合、常に最新の空き状況とともに、賃借人が使用する場合の注意点をしっかりと確認しておきましょう。

Column 不動産投資と植栽管理

マンション周辺に施された緑豊かな植栽は、四季折々の彩りを楽しませてくれます。日々の生活に潤いや安らぎを与えてくれる美しい植栽ですが、不動産投資との関係においては、どのようなメリットやデメリットがあるのでしょうか。

植栽の一番の魅力は美しい景観です。

また、植物の光合成により**大気中のCO_2が吸収され、地球温暖化防止やヒートアイランド現象の緩和**が期待できます。

一方で、適切な植栽管理がなされないと、様々な弊害が生じることになります。枯葉や落葉、荒れ果てた植栽は、美観を損ね、**住環境を悪化**させます。生い茂った植栽から放たれる悪臭や花粉は、住人に精神的・肉体的ストレスを与えます。そして何より、植栽管理には、定期的な剪定、伐採、薬剤散布、施肥など**維持管理費用**がかかります。植栽の種類や規模にもよりますが、不動産投資で最も多い小規模マンション（総戸数10戸迄）で年間数十万円、中規模マンション（総戸数10戸〜50戸）になると年間100万円から200万円程は必要です。

適切な植栽管理には、信頼のおける造園業者との関係が何よりも重要なのです。

《メリット》
・美しい景観により癒しが得られる（四季折々の彩りが楽しめる）
・マンションの資産価値が上がる（需要の増加、入居率の上昇）
・環境の改善（地球温暖化の防止、ヒートアイランド現象の緩和）
・プライバシー保護（植栽が外部への目隠しとなる）
・防災機能がある（火災発生時の延焼を遅らせる）

《デメリット》
・植栽の維持管理費用が必要（剪定、伐採、薬剤散布、施肥など）
・近隣トラブル（枯葉、落葉、花粉、虫害、悪臭、境界越境など）
・住環境の悪化（建物や舗装道路への損傷。日当たりの悪化など）
・事件を助長する（生い茂った植栽により死角ができる）
・事故を助長する（歩車道の視界を遮る、災害時の倒木など）

植栽は生き物です。愛情を持って、育てられるかどうかによって、その存在は、"良い子"にも"悪い子"にもなってしまうことが、ご理解頂けるでしょう。

5日目

入居者情報＆賃貸借契約の見極め方

5日目は、オーナーチェンジ物件の購入や入居申込みに関わる入居者情報(個人・法人)の見極め方、賃貸借契約書の構成及び重要ポイントを学びます。

特に、賃貸借契約において重要度の高い契約当事者の負担区分や借主の原状回復義務に関しては、具体例、図版を用いて詳しく解説します。

賃貸経営を続ける上で、必ず役立つ実践知識が盛りだくさんです。

太田さん
熟練大工の太田さん。引退を考え始めた矢先に、父のアパートを相続することに。家づくりはプロだが、賃貸経営はサッパリ。太田さんの家主人生の幕開けです。

荒井さん
不動産投資歴3年目となる会社員。当初は、不動産投資に半信半疑だった夫も、今では凄く協力的である。最近は、夫婦で自主管理への移行を検討している。

5-01 借主の情報をつかみ取る

オーナーチェンジ物件は、入居者がどんな人かすごく気になります。

購入後のトラブル対策としても、借主の属性や契約内容はしっかり把握しておかないといけないね。

■ 購入前に入居者情報＆賃貸借契約書の内容を確認する

　購入したい物件が決まり、諸費用計算、資金計画のシュミレーションができたら、いよいよ**購入申し込みの準備**に取りかかります。ここで、必ず確認しないといけないのが、物件の**賃貸借契約の詳細**です。

　物件の検討段階では、物件の内容とともに、**家賃収入**や**利回り**など、主に収益に関わる数字的な内容に注目していたわけですが、購入の最終決定段階では、**借主の属性や家族構成、賃貸借契約の内容をしっかりと確認**する必要があります。

■ 区分マンション＆戸建て投資は、
　借主の属性＆契約内容の詳細まで確認！

　区分マンションや戸建てに投資する場合、投資対象となる不動産の借主は1件のみです。

　その借主が家賃滞納を繰り返したり、近隣に迷惑行為をはたらく人物であれば、不動産投資としてのリスクが非常に高くなります。

　オーナーチェンジの場合、原則、契約までに借主と会う機会はなく、室内の状態を確認することも難しいため、借主の**入居申込書や賃貸借契約書、不動産業者からのヒアリング情報**などの確認が非常に重要になります。

■入居者情報が最重要！　記載に変更がないかも確認！

借主の属性（氏名、連絡先、勤務先、年収、家族構成など） に関しては、最も重要な確認項目です。

しかし、正式契約の前では、入居者の個人情報に関わる詳細までは情報提供を受けられないことが多いです。

したがって、**「大手企業にお勤めの30代ご夫婦で小学生のお子様が1人。3年前から入居していて、家賃滞納なし。家賃保証会社加入あり。」** といった感じで、最終的な購入意思決定に必要な情報までは必ず聞き出すようにしましょう。

また、契約時から時間が経過している場合は、勤務先や連絡先など入居申込書の記載内容と変更がないかも必ず確認しましょう。

■連帯保証人＆緊急連絡先は盲点！

借主の属性とともに、**連帯保証人の属性** も非常に重要です。借主との続柄（両親、兄弟、親戚など）や連絡先の確認とともに、勤務先や年収から借主が家賃滞納に陥った時に、支払いできるだけの資力があるかを判断します。

最近は、**家賃保証会社** に加入し、連帯保証人を立てていない契約も多いのですが、その場合でも、**緊急連絡先** だけは必ず押さえておくことが必要です。

緊急連絡先は、親族や勤務先の上司など契約者本人に連絡が取れない場合の第二の連絡先です。家賃滞納時や事件事故（漏水、火災など）など緊急時に、契約者への連絡の取次ぎ依頼をする大切な立場です。

連帯保証人や緊急連絡先は、家賃滞納や事件事故など特別な事情がなければ、家主も連絡を取り合う機会がほとんどないため、転居や転職などで連絡先が変わっていたり、定年退職していたりすることもあります。

なかには、何年も前に亡くなっていたということも決して珍しいことではありません。

借主本人と同様、連帯保証人や緊急連絡先に関しても、**申込書記載内容と変更がないかを必ず確認** しましょう。

連帯保証人や緊急連絡先は、借主から連絡がない限り、情報が変わっていることに気付かないことが多いんです。

なるほど！　家賃を滞納した時とか、事故が起こった時とかに困りますね。

太田さんも、アパートの住人さんに、定期的にメールや書面で変更がないか確認するといいですよ。

■借主の契約期間が長い場合のリスクもある

　不動産投資においては、入居者の入れ替わりの頻度が多いと収益性が悪くなりますが、借主の契約期間が10年〜15年と長期の場合も、注意しなければならない点があります。

　まず、**賃料相場が大きく変わっている可能性が高い**ということです。家主変更のタイミングで、借主から家賃の値下げ交渉があったり、再募集時には、相場に応じて大幅に条件を見直す必要があります。

　次に、借主退去後の**改装費が高額になります**。入居者の再募集に際し、壁や天井、床材などの張り替えはもちろん、浴室、キッチン、洗面化粧台など住宅設備類の交換が必要になる可能性があります。

　借主が長期で入れ替わってない場合は、特に、**過去の修繕履歴（修繕箇所、修繕内容）**を確認し、将来的に必要になる修繕費を予測しておくことが大切です。

家賃相場の変化や改装費が高額になる点は覚悟しておかないとね。運悪く、購入後に即退去なんてこともあり得るから。

実は1件目の戸建てが、購入直後に10年超の入居者が退去になり、改装費が大変でした。

■ 滞納中の家賃だけでなく過去の滞納歴も要注意！

滞納中の家賃や過去の滞納の有無の確認は必須です。不動産投資では、借主の家賃滞納は非常に大きなリスクです。急な失業、病気や怪我など、滞納が一時的なもので、既に解消済みか解消できる見通しがあれば検討しても構いません。

しかし、過去に何度も滞納歴があり、元々、お金の支払いにルーズな借主の場合、購入後の入居者管理が大変になります。

家賃収入を確実に得るための不動産投資が、家賃督促に手を取られ、物件の明け渡し請求や訴訟を起こさなくてはならないようでは、ダメージが大き過ぎます。

物件がどんなに気に入っても、借主自身に問題が多いと思われる場合は、後悔しないよう**購入を見送るのが得策**です。

■ 家賃保証会社は代位弁済の有無がポイント

最近は、家主や管理会社の指定する**家賃保証会社の利用を入居条件**とする契約が増えています。

❖POINT❖　家賃保証会社の概要

❶ 種類
- (a) 家賃保証会社のみ加入し、連帯保証人は付けない。
- (b) 家賃保証会社に加入し、連帯保証人も付ける。

❷ 保証料
- 初回保証料：月額保証額（家賃＋共益費など）の50％〜100％
- 更新保証料：定額（例：1万円〜2万円）、代位弁済の回数に応じて金額設定する商品など

❸ 保証内容
- 家賃、共益費、流動費（水道代など）、駐車場代、更新料
- 原状回復費（例：月額賃料の24カ月分）
- 残置物処理費（例：月額賃料の24カ月分）
- 建物明渡訴訟費用（例：月額賃料の24カ月分）
- 短期解約違約金（例：月額賃料の2カ月分）

※保証会社により保証内容は異なります。

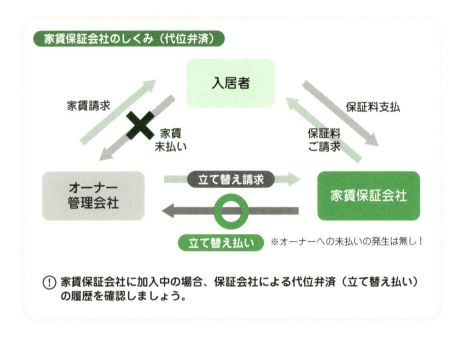

家賃保証に関しては、その**加入の有無**と**保証内容**について確認します。

家賃保証の内容としては、月々の賃料の他、**退去時の原状回復費**などの保証が最も一般的なものです。

保証会社によっては、借主の死亡事故時の保証（自然死、自殺、他殺、事故死）や借主失踪時（夜逃げ）の残置物処理費などを保証する商品もあります。

ここで注意すべき点は、家賃保証会社に加入中の場合、**保証会社による代位弁済（立て替え払い）の履歴**を確認することです。

よく、「保証会社に加入しているから家賃は大丈夫」と安易に考えてしまう投資家がいますが大間違いです。

保証会社による代位弁済がなされれば、家主は家賃相当の保証額を受け取ることができますが、家賃滞納であることに変わりはありません。

滞納が継続すれば、通常は3カ月程で、保証会社は法的手続き（契約解除、立ち退き請求）に移行します。もしそうなれば、家主としては大損失です。

この点は、プロであるはずの不動産業者ですら失敗を犯す内容です。

重要事項説明で「借主の家賃滞納なし」と説明したところ、家賃保証会社

による代位弁済の事実が発覚し、契約解除となったという事例もあります。

不動産業者の説明を鵜呑みにせず、必ず確認するようにしましょう。

家賃保証会社にさえ加入していれば、絶対安心だと思ってました。

滞納賃料は保証されますが、借主自身の人柄を保証してくれるわけではありません。保証会社を利用することで、入居審査が緩くなるのは考えものです。

確かに、保証会社任せで借主との関係が希薄になるのは問題ですよね。

■ 火災保険は賠償責任補償が最重要！

次に、**火災保険の加入の有無**を確認します。

所有者が加入する保険は「**建物**」、区分マンションの管理組合が加入する保険は「**建物共用部分**」、そして、借主が加入する保険は「**家財**」を補償対象とする損害保険です。

借主が加入する保険で重要なポイントは**賠償責任補償**の付帯です。賠償責任補償には、**借家人賠償責任保険**と**個人賠償責任保険**があります。

借家人賠償責任保険は、火災や漏水事故を起こし、賃貸中の物件に損害を与えてしまった場合の補償です。

また、個人賠償責任保険は、自室からの漏水事故などで他人の建物や家財に損害を与えてしまった場合や他人にケガを負わせてしまった場合の補償です。

いずれも、借主が自らの家財を守りながら、建物所有者である家主や他の住人に損害を与えてしまった時の賠償責任を補償する大切な保険です。

もし、賃借人が加入していないようなら、購入後に必ず加入してもらうようにしましょう。

火災保険はお守りくらいにしか考えていませんでした。反省です。

保険は加入するだけじゃダメですよ。補償対象や補償内容を正しく理解することで、初めて身を守ることができるんです。

私もアパートの保険が心配になってきました。この機会に確認しておきます。

■借主との討議中案件に注意しよう

不動産売買で引き渡し後のトラブルに多いのが、室内の不具合や家賃条件の見直しなど、**売主（家主）と借主との間で討議中案件がある場合**です。

売主の立場としては、売買に不利益になるかもしれない内容は、できるだけ伏せておきたいものです。

例えば、売主が借主から住宅設備類の不具合の相談を受けていた場合、買主への物件引き渡しまでに責任を持って対応するのが当然です。

しかし、売却が決まっている物件にお金をかけたくないという売主も多く、借主からの相談を放置しているケースがあるため注意が必要です。

実際、物件引き渡し後に、借主からの『前の家主さんには何度もお願いしていたのですが』という一言から発覚するケースが少なくありません。

私の経験上、借主も、家主が変わったタイミングで、ここぞとばかりに、「あれもこれも」と、色々な要求をしてくることが結構あります。

物件引き渡し後に、売主や借主とトラブルにならぬよう、**「借主との討議中案件に関しては、売主の責任において、物件引渡しまでに対応する」旨を契約条件に挙げる**ことが重要です。

オーナーチェンジは借主との討議中案件に要注意！「そんなの聞いてね〜」は通用しません！

5-02 法人契約の注意点を学ぼう

借主が会社であれば安心ですよね。滞納の心配もないですから。

それは会社によりますよ。**法人の場合は財務状況が掴みにくいから逆に注意が必要**なんです。

■ 思い込みは危険！「法人契約＝安心」ではない！

「**法人契約**」と聞いて、どのような印象をお持ちでしょうか。個人が借主となる契約と違って、法人の場合、家賃の滞納などの心配がなく、投資的に安全性が高いと感じる人が多いのではないでしょうか。

確かに、誰もが知る大手企業であればその通りかもしれません。しかし、法人といっても、中小企業、零細企業、実質的に個人事業者と変わらぬ規模の会社など様々です。

旧商法では、会社設立には、株式会社で1,000万円以上、有限会社で300万円以上の資本金が必要でしたが、2006年5月の新会社法の施行により、資本金1円以上から会社が設立できるようになりました。

「**株式会社**」の場合、会社設立に必要な登録免許税や定款用の認証手数料や謄本手数料、収入印紙代を加えても約25万円程あれば設立可能であり、定款が必要なく、登録免許税の安い「**合同会社**」であれば約10万円程で設立できます。

したがって、**居住用（社宅など）**でも**事業用（店舗、事務所など）**でも法人契約だからといって安心することなく、**契約者の内容は慎重に判断すべき**です。

会社の大きさや事業規模に関係なく、経営状態が安定している企業であれば、契約相手として安心です。

しかし、設立後間もない**スタートアップ企業**の場合、急成長する可能性がある反面、**業績悪化に伴い、短期間で廃業、倒産というリスク**があります。
また、事業実態のわからない**"怪しい会社"は要注意**です。

■ 法人は個人よりも入居審査が難しい

個人の場合と同様、法人も入居審査によって**家賃の支払い能力**や**社会的な信用**を判断することになります。

個人の場合であれば、勤務先や年収などで家賃の支払い能力が比較的判断しやすいのですが、法人の場合、誰もが知っている企業であっても、会社の内情、所謂**「懐事情」**は蓋を開けてみないと分かりません。
帝国データバンクや東京商工リサーチの公開情報を利用するのも１つですが、全ての企業がデータ登録されているわけではありません。原則、

> ❶ 履歴事項全部証明書
> ❷ 決算報告書（2期分）
> ❸ 公式ホームページ＆会社案内

の３点セットは必ず入手し、審査することが重要です。

特に、設立したばかりで事業実績のない会社、赤字決算が続いている会社、公式ホームページやSNSなどネット情報が存在せず、経営実態が分からない会社などは、慎重な判断が必要です。

❖POINT❖　法人契約で確認すべき資料
❶ **履歴事項全部証明書（商業登記簿謄本）** ⇒ 設立年度、資本金など
❷ **決算報告書（2期分）** ⇒ 財産状態（財政状態）、経営成績など
❸ **公式ホームページ、会社案内** ⇒ 事業内容、従業員数、取引銀行など

確かに、内情がよく分からない会社は、個人よりも心配ですよね。

審査の目的は**家賃の支払い能力があるかを判断する**ことだから、情報をしっかりと集めれば大丈夫です。

■ 法人契約でも、原則、連帯保証人は必要！

法人契約の場合も、原則、**連帯保証人**は必要です。特に、会社の信用度に疑問がある場合は、連帯保証人を付けることになります。

企業規模にもよりますが、連帯保証人としては、代表者やその他の役員、支店責任者、実際に物件を使用する入居者などがなります。

会社の場合、運転資金などの借入に対しても、代表者個人が連帯保証している場合が多く、業績が悪化し、廃業、倒産する時は、代表者個人も共倒れとなる危険性があるため、賃貸借契約においては、**代表者以外の人を連帯保証人に付ける方が安心**な場合も多いのです。

特に、契約期間中や退去時の原状回復における費用清算を考えた場合、物件のことを最も理解している**入居者や使用者（店舗責任者など）を連帯保証人に付けるのが理想的**です。

■ 家賃保証会社の利用は企業規模で判断される

借主が家賃を払えなくなったとき、契約者に代わり家賃を立て替え払いする**家賃保証会社**に関しては、中小企業、零細企業やスタートアップ企業などでは利用する場合が多く、大手企業の場合は利用しないケースが多いです。

ここで、注意が必要なのは、**家賃保証会社によって法人契約の取り扱いが異なる**点です。

また、法人契約でも、居住用（社宅など）と事業用（店舗、事務所など）とで内容が異なります。法人契約の場合、家賃保証会社により連帯保証人を必須条件としているところもあります。

借主側の希望により、連帯保証人を付けずに家賃保証会社のみを利用したい場合は、当事者間での条件調整が必要になります。

私の物件も社宅が1件ありますが、家賃保証会社に入ってます。

企業規模や業績、申込案件によって臨機応変な対応が必要です。

■社宅代行サービスは仕組みを理解し慎重に判断する

荒井さんは、社宅代行サービスは知ってますか？

契約手続きや引越社の紹介などをしてくれるサービスですよね。契約はしてないですけど。

社宅代行サービスには2種類あるんです。それぞれの仕組みを理解しておきましょう。

　法人契約で覚えておきたい契約形態として、**社宅代行サービス**があります。
　社宅代行サービスとは、本来は借主が行うべき契約手続きや入居手続き（引越社の手配など）、社宅管理や退去手続きなどを一括して、**社宅代行業者**が行うというもので、主に従業者数や社宅契約数の多い大手企業が利用しています。
　社宅代行サービスには、❶**転貸方式**と❷**代行方式**の2種類があります。
　転貸方式とは、社宅代行業者が家主から借り上げた物件を転貸する形態であり、家主から見た**借主は社宅代行業者**となります。
　次に**代行方式**とは、契約手続きや退去手続きなどの業務サポートや社宅管理業務のみ社宅代行業者に委託するもので、家主から見た**借主は社宅代行を利用する法人**となります。
　社宅代行サービスは、社宅契約の多い大手企業にとっては、手数料を負担しても、煩わしい契約手続きや社宅管理を一括して任せられる便利なサービスです。
　しかし、一方で社宅代行業者が関与する法人契約、特に転貸方式の場合、設備不良などの対応に時間がかかったり、解約時の原状回復の請求先などを巡るトラブルが少なくないため注意が必要です。
　家主の立場としては、社宅代行業者と社宅代行サービスを利用する法人との契約内容を理解した上で、賃貸借契約を取り交わすことが重要です。

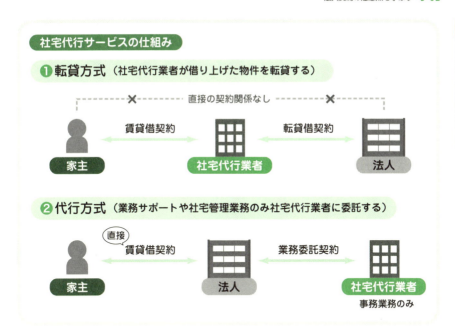

◆POINT◆ 社宅代行サービスの確認ポイント

❶ 転貸方式か代行方式か、当事者（借主）は誰であるかを確認する
❷ 契約期間中の負担区分、解約時の原状回復の当事者を確認する
❸ 設備不具合の際の施工業者は家主指定か社宅代行業者指定かを確認する

5-03 賃貸借契約の重要ポイント（基本）

賃貸借契約には普通借家契約と定期借家契約があるんだけど、それぞれの特徴を理解しておきましょう。

えっ？ 契約にいくつか種類があるんですか？
全く知りませんでした。

■ 賃貸借契約には「普通借家契約」と「定期借家契約」がある

不動産の賃貸借契約は、大きく**普通借家契約**と**定期借家契約**に分けられます。

普通借家契約とは、契約期間を **1年以上**とする**更新が可能な契約形態**です。ちなみに契約期間が **1年未満**の場合、「**期限の定めのない契約**」とみなされます。

普通借家契約の場合、借主は、自ら解約の申し出をしない限り、契約を更新し、住み続けることが可能です。

一方、貸主は、借主による家賃の長期滞納や近隣への迷惑行為、建物の老朽化に伴う建て替えなど「**正当事由**」が認められなければ、契約を中途解約したり、更新を拒絶することはできません。

つまり、借主の権利が強く保護された契約形態と言えます。

次に、**定期借家契約は、更新のない契約で、契約期間の満了によって契約が終了するのが特徴です。**

普通借家契約と異なり、家主は**期間限定**で不動産を有効活用することが可能となります。

また、当事者が合意すれば、期間満了後の**再契約は可能**であるため、貸主としては、家賃滞納や迷惑行為のない借主のみ継続的に貸し付けることができるのです。

しかし、借主の立場としては、再契約できなければ、契約終了とともに退去しなければならないため、安心して生活できません。

したがって、定期借家契約の場合、普通借家契約と比較すると、**約1割から2割程度は家賃相場が低くなり、利用率や認知度も低迷しているのが実情です**。

国土交通省「令和5年度住宅市場動向調査」によると、**定期借家契約の利用率**は、三大都市圏で2.6%（首都圏は1.5%）となります。

また、三大都市圏における認知度に関しても、「知っている」が14.9%、「名前だけは知っている」が27.5%となり、無回答を除く56.1%が「知らない」と回答しています。

ここからは、民間賃貸住宅の契約形態の9割以上を占める**普通借家契約の重要ポイントとオーナーチェンジで収益物件を購入する時の関係性**を分かりやすく解説していきます。

■オーナーチェンジにおける保証金・敷金・礼金の取り扱い

保証金、敷金、礼金は、いずれも賃貸借契約締結時に、借主から貸主に支払われるお金ですが、オーナーチェンジで買い受ける場合、それぞれのお金の役割と取引における取り扱いをしっかりと理解しておくことが大切です。

保証金や**敷金**は、契約期間中の家賃滞納や解約時に借主負担とすべき室内の損傷や過剰な汚れなどを清算する目的で貸主側で預かっておくお金です。

まず、**保証金に関して確認すべき内容は、「解約引き」というお金の有無です**。例えば、保証金50万円、解約引き20万円という条件であれば、解約時に50万円から20万円を差し引いた残額30万円から、滞納額や賃借人の負担金を清算することになります。

オーナーチェンジにおける保証金の取り扱いには次の3つの方法があります。先の例を基に説明すると、売買代金とは別に当事者間で、

❶保証金（50万円）の金銭授受を行う方法
❷解約引き後の残額（30万円）の金銭授受を行う方法
❸実際の金銭授受は行わず、解約引き後の残額（30万円）の借主への返還義務のみ売主から買主に承継する方法

最終的な購入希望価格は、保証金に関し、どの方法で清算するのかを確認した上で、決定するようにしましょう。
　特に、一棟物の場合、借主からの預かり保証金の額も高額になる場合が多いので、必ず清算方法を事前に確認しましょう。

❖POINT❖　オーナーチェンジにおける保証金の取り扱い方法
❶ 売買代金以外に保証金の金銭授受を行う方法
❷ 売買代金以外に解約引き後の残額の金銭授受を行う方法
❸ 金銭授受は行わず、借主への返還義務のみ承継する方法

　敷金に関しては、基本的な**考え方は保証金と同じ**です。敷金の場合、別段の定めがない限り、敷金全額を預かり金とし、解約時に**家賃の滞納など借主負担金を清算した残額を借主に返還**します。
　また、**礼金**は、元々お世話になる家主へのお礼としての商慣習的意味合いがありましたが、法的には、解約時に借主に清算を求めることのできない**自然損耗や経年劣化の原状回復の一部に充当されるお金**として解釈されており、**解約時に借主に返還されないお金です**。
　オーナーチェンジとの関係においては、保証金と同様、借主からの預かり金である敷金をどのように取り扱うかがポイントになります。また、礼金に関しては、売買当事者間で金銭授受されることはありません。

❖POINT❖　オーナーチェンジにおける敷金の取り扱い方法
❶ 売買代金以外に敷金の金銭授受を行う方法
❷ 金銭授受は行わず、借主への返還義務のみ承継する方法

オーナーチェンジでは、**保証金と敷金の清算方法が重要**なんですね。

その通り。お金を預かる人と返す人が異なるから、**あらかじめ当事者間で取り決めておく**ことが必要なんです。

■更新料の有無は地域の商慣習による

　更新料とは、通常1年～2年毎の契約期間の更新毎に、借主から貸主に支払われるお金で、通常は**新家賃の1月～2月分程度**となります。
　新家賃とは、契約更新時に家賃の見直しが行われた場合の改定後賃料です。家賃の見直しが行われず、同条件であれば、その賃料が更新料の基準となります。
　更新料に関しては、**各地域の商慣習による**ところが大きく、首都圏では更新料を定めている契約が比較的多く、近畿圏や中京圏では更新料を定めていない契約が多いです。
　ただし、更新料の有無やその金額は、保証金や敷金、礼金、家賃の設定金額など、諸条件を総合的に考えた上で決めることになるため、更新料がある契約とない契約とで、どちらが得か損かは一概には言えません。

■解約予告期間と解約時の家賃清算方法を確認する

　解約予告期間とは、借主が貸主に対し**解約を予告する時期**です。解約予告期間も、案件ごとに異なりますが、通常、**居住用の場合で1カ月～2カ月前、事務所で3カ月前、店舗で6カ月前**に解約を予告する取引が一般的です。
　家主や管理会社は、この解約予告期間中に、「空き予定物件」として、次の入居者の募集を開始し、解約後の空室期間ができるだけ短くなるよう努力します。
　また、解約時の家賃清算には、**日割清算**と**月割清算**とがあります。
　月の途中での入退去に関しては、一般的に**入居時には日割清算、解約時には月割清算**とされています。

■賃貸借契約の個人保証には極度額の設定が必要

　2020年4月に改正民法が施行され、個人が賃貸借契約の保証人となる場合は、**保証人が負担する最大限度額「極度額」**を定めなければならなくなりました。
　法改正の目的が**個人保証人の保護**であるため、法人が保証人となる場合は対象外です。

極度額の定め方は、「100万円」という具体的な金額の場合や「家賃の12カ月分」という定め方があります。

極度額を定めていない個人根保証契約は無効となります。また、極度額1億円といった過度に高額な定めも無効になる可能性があります。

極度額の定めが無効となれば、当然のことながら、借主の滞納した賃料を保証人に求めることはできないため、家主の立場としても注意が必要です。

■フリーレントは学生マンションや店舗契約で効果あり

フリーレントとは、**家賃支払い免除期間**のことです。

通常の賃貸借契約では、契約手続き完了後、即賃料発生するのが原則ですが、契約開始後、一定期間の家賃支払いの免除期間を借主へのサービスとして設けるのです。

フリーレント期間の有無は、単身者、特に借主が学生の場合には効果が大きく、成約率アップにつながります。

大学生や専門学校生など、高校卒業後に初めて一人暮らしを考える人たちは、学校推薦型選抜（推薦入試）などで進学先が決まる秋頃から家探しを始めます。したがって、実際に生活を始める春先までの家賃負担の有無が非常に大きな意味を持つのです。

また、フリーレントは、店舗など事業用物件においても、借主側の要望として多い項目です。店舗の場合、実際に営業開始するまでの期間は、収入がなく、改装費や広告宣伝費など開業に向けての出費が膨らむ時期であるため、借主にとって、賃料の支払い免除期間は非常に重要なのです。

フリーレントは、単身者向けマンションや事業用物件では有効なサービス項目であることを覚えておきましょう。

初めての入居申込みでフリーレントを知りました。慌ててネットで調べましたよ。

店舗とか事業用物件の場合も効果的です。利益を生まない期間の家賃負担は大きいです。

■ 短期解約の違約金特約は
　ゼロゼロ物件＆フリーレント契約に効果的

　短期解約の違約金特約とは、借主が契約後１年〜２年未満で契約を解約する場合、賃料の１月〜２月分を違約金（ペナルティ）として負担するという特約です。

　貸主は、入居者募集に関わり、内装費やハウスクリーニング代、管理会社や仲介業者の手数料（広告宣伝費）など、様々な費用をかけているため、短期解約によるダメージは小さくありません。

　特に、単身者を中心に需要の多い、敷金０円、礼金０円の所謂「**ゼロゼロ物件**」や、家賃免除期間のある**フリーレント契約**では、短期解約によるリスクヘッジとして、この特約を付けているケースが多いです。

■ オーナーチェンジでは残置物の有無に注意が必要

　残置物とは、貸主が設置した設備ではなく、前入居者が退去の際に残していった家電機器（エアコン、照明器具など）など、**契約期間中の不具合などに対する貸主の責任を免責するもの**を総称して、このように呼びます。

　入居者が退去する際に、転居先にも同じ設備が備わっているため、部屋に残していきたいと相談を受けることがあります。

　原則は、入居者自らが設置したものは、退去の際に撤去してもらいますが、エアコン、照明器具など、機能的に問題がなく比較的状態がよいものに関しては、そのまま残置物として次の入居者に使用してもらうのです。

　その上で、設備の不具合などによるトラブルを防止するため、契約書には「**貸主が契約期間中における修理、交換、処分などの責任を負わない残置物**」である旨が明記されます。

　オーナーチェンジの場合は、この残置物に対して特に注意が必要です。物件を購入したばかりの家主は、借主が契約した時の物件の状態を知らないため、契約書に残置物の記載があるにも関わらず、借主から修理や交換を要求されて、費用負担してしまう失敗がよくあります。必ず、契約書に「残置物」の記載がないか確認しましょう。

オーナーチェンジでは残置物が盲点。賃貸借契約書の隅々までチェックしましょう！

■特約（室内清掃費、ペット飼育加算金など）

❶ 退去時の室内清掃費

本来、室内清掃費は、借主退去後の改装費と同様に、家主が負担することになりますが、あらかじめ**特約に「室内清掃費が借主負担である旨と清掃費の金額」を明記しておく**ことで、解約時の清算を巡るトラブルを避けることができます。

特に、ペット飼育を許可しているようなケースであれば、室内清掃費の必要性を説明した上で金額を記載するようにしましょう。

❷ ペット飼育時の加算金

ペット飼育を許可する場合、敷金、礼金など一時金を加算することがあります。

加算金とともに、飼育できるペットの種類、頭数などの条件、飼育上のマナーなど詳細を記載します。

また、貸主がペット飼育を許可した場合でも、飼育上の管理責任は飼育者（借主）にあり、ペット飼育による近隣住戸からの苦情や物件に与えた汚損・破損などは、借主の責任により対処する旨を、必ず契約書に記載しましょう。

あと、勘違いの多い内容として、ペットのつけた傷や汚れに対する火災保険の取り扱いがあります。

原則、**ペットによる汚損・破損は、火災保険の補償対象外です**。ただし、ペット飼育を原因とする火災被害など、被害の原因や内容によって、保険適用できるケースもあります。例えば、ペットが電気コードをかじったことで出火し、火災被害を受けたようなケースです。

ペットのつけた傷や汚れは、保険で対応できないんですね。勉強になります。

火災保険とペット飼育との関係は、意外と盲点なんです。退去時にトラブルにならないよう、家主も借主もしっかり理解しておかないといけませんね。

5-04 賃貸借契約の重要ポイント（応用）

荒井さん、**賃貸借契約で最もトラブルが多いのは**、何だと思いますか？

う〜ん、解約時の費用清算でしょうか？

そう！ **明け渡し時の原状回復を巡るトラブル**。お互いに負担区分をしっかり理解して、良い関係で契約を終えたいですね。

■最重要！ 負担区分と原状回復義務

賃貸借契約における**貸主**と**借主の負担区分**は、非常に重要です。

負担区分とは、建物の汚損や破損、設備機器の不具合などに対する**契約期間中の責任および修復義務**、そして**契約終了時における原状回復**を貸主と借主いずれの責任において行うかを線引きする内容です。

原状回復義務とは、借主が、物件の引渡しを受けた後に生じた損傷などに対し、契約終了時に「原状」（契約時の状態）に復する義務を負うとするものです。

民法621条では、

「通常の使用により生じた損耗（通常損耗）や時間の経過による劣化（経年劣化）に関しては、借主は責任を負わない」

旨が明記されています。

この点においては、居住用物件も事業用物件も同じですが、原状回復に関するこの規定は**任意規定**であるため、賃貸借契約書などで具体的に明記することによって、**当事者が別の取り決めをすることが可能**となります。

実際、一般の**消費者相手の居住用物件と事業者相手の事業用物件**とでは、契約期間中の負担区分や契約終了時の原状回復に対する**考え方や取り扱いが全く異なる**ため注意が必要です。

賃貸借契約では、契約期間中の費用負担や原状回復を巡るトラブルが最も多く、不動産投資を行う上では、収益率にも大きく影響する項目です。

具体例をイメージしながら正確な知識を身につけましょう。

■居住用物件のケース（借主⇒消費者）

(a) 契約期間中の負担区分

居住用物件の場合、原則、電球、蛍光灯、水道パッキンなど消耗品の交換や日常の清掃や手入れなど**維持管理に関わる費用は、借主の負担**となります。

一方、**貸主**は、建物の躯体、共用部分、共用設備から、建物内の付帯設備に至るまで、**対象不動産のほぼ全ての部分に対して責任を負います。**

これは、「**借主には、貸主に家賃を支払う義務があり、貸主には、借主が安心して生活できる場所を提供する義務がある**」という考え方によるものです。

ただし、借主の故意、過失による汚損や破損、日常生活において必要とされる清掃や手入れを怠ったことに起因する不具合（排水口の詰まりや漏水、設備の不具合など）などは、**借主の負担**となります。

また、不具合の直接の原因が、借主の責任によるものでなくても、貸主への報告や連絡を怠ったために、不具合や被害の程度が増大してしまったようなケースでは、借主の費用負担が生じることがあります。

例えば、雨漏りを放置していたために、木部の腐食やカビの繁殖、最悪は深刻なシロアリ被害に発展してしまったようなケースや、扉の開閉が重く、症状が悪化しているにも関わらず、無理に使用し続けた結果、フローリングに傷をつけてしまったというようなケースです。

家主の立場としては、借主に対し、建物や設備に不具合を発見した場合や不注意で汚破損してしまった場合などは、決して放置せず、速やかに連絡するよう説明しておくことが大切です。

(b)契約終了時の原状回復義務

国土交通省の「**原状回復をめぐるトラブルとガイドライン**」では、原状回復を「賃借人の居住、使用により発生した建物価値の減少のうち、賃借人の故意・過失、善管注意義務違反、その他通常の使用を超えるような使用による損耗・毀損を復旧すること」と定義し、その費用を賃借人負担としています。

この定義の重要なポイントは、**経年劣化**（時間の経過に伴う状態の変化）や**通常損耗**（通常の使用に伴う損耗）などの修繕費用は、もともと月々の賃料や契約時の一時金（礼金など）に含まれており、**解約時に借主が別途負担すべきものではない**という点です。

不動産投資で居住用物件を扱う場合、この点をしっかりと理解しておかないと、退去時の清算を巡るトラブルに巻き込まれてしまう危険性があるため注意が必要です。

居住用物件では、経年劣化や自然損耗の見極めが重要なんです。太田さんは得意ですよね。

ええ。長年、大工やってたので、そこは結構できるかも。

■事業用物件のケース（借主⇒事業者）

(a)契約期間中の負担区分

店舗や事務所など事業用物件の場合、**負担区分に対する考え方が居住用物件とは全く異なります。**

特に、店舗の場合、契約時の物件の状態（スケルトン、居ぬきなど）にもよりますが、通常は、借主自身が業種に応じた設備機器を設置し、諸造作を加え、好みの内装工事を実施します。

したがって、建物内に設置された設備や諸造作、内装に至るまで、**全ての管理責任は借主にあり**、維持管理に関わる費用や修繕・交換費用なども全て

借主が負担することになります。

　この場合、貸主は、建物の躯体、共用部分、共用設備の維持保全に対してのみ責任を負うことになります。

　これは、「**貸主は店舗という空間を貸し付け、借主はそのスペースを活用して自由に使用収益を上げる**」という事業用物件の特徴を表しています。

(b) 契約終了時の原状回復義務

　不動産投資で事業用物件を扱う場合、契約終了時における**原状回復を巡るトラブルが非常に多い**です。

　特に店舗の場合、設備の撤去や復元など、原状回復費も高額となるため、注意が必要です。

　店舗や事務所など事業用物件の場合、民法621条の規定に関わらず、**借主による原状回復特約**を設けることが多く、通常損耗や経年劣化に対する原状回復や貸主の指定業者による原状回復工事、そして原状回復後のクリーニング費用の負担を義務付ける特約などを設けます。

❖POINT❖　特約による借主の原状回復義務
❶ 通常損耗・自然損耗に対する原状回復義務
❷ 貸主の指定業者による原状回復工事の実施
❸ 原状回復後のクリーニング費用の借主負担

　次に、原状回復を行う範囲が問題となります。

　原則、**契約時の状態を「原状」と考える**わけですが、事業用物件の場合、大きく、「**スケルトン**」で引渡しを受ける場合と、「**居ぬき**」で引渡しを受ける場合とに分けられます。

　まず、スケルトンとは、建物の骨組み、構造躯体（柱、梁、壁、床、天井など）のみを残し、コンクリート、配線、配管などがむき出しとなっている状態です。

　契約時にスケルトンの状態で引渡しを受けた場合、解約時の原状回復も壁や設備、諸造作などを全て撤去したスケルトンの状態にして明け渡しを行います**（スケルトン渡し）**。

居ぬきの場合の原状回復トラブル

最も注意が必要なのは、これから説明する**居ぬき**の場合です。

居ぬきとは、**前賃借人と新賃借人との間で賃借権の譲渡**を行い、新賃借人が、店舗の内装、設備、什器や備品など全てをそのまま引き受け、貸主と賃貸借契約を結ぶケースです。

前賃借人は原状回復を免れ、新賃借人は内装工事費を最小限に抑えられ、貸主としても空室期間なく家賃収入を得られるという、事業的には、非常に有効な契約形態ですが、新賃借人の契約終了時の原状回復に大きな落とし穴が潜んでいるのです。

居ぬきで引渡しを受けた物件で原状回復を行う場合、大きく次の2通りの方法が考えられます。

> ❶ 新賃借人の契約時の状態に戻す方法
> ❷ 前契約者の契約時の状態（スケルトンなど）に戻す方法

居ぬき物件に関しては、不動産投資家や不動産業者でも、認識が異なり、解約時の原状回復を巡るトラブルが少なくありません。

借主は自分が契約した時の状態に戻せば大丈夫と考え、貸主は前賃借人の契約時の状態（スケルトンなど）に戻してもらえるものと思い込み、明け渡し状態を巡りトラブルになるのです。

不動産投資を行う上で、居ぬき物件を取り扱う場合、必ず賃貸借契約書の特約に、**契約終了時の原状回復の状態（スケルトンなど）を明記**し、なおかつ、**前賃借人との賃借権譲渡契約書にも同様の記載を明記させる**よう徹底することが重要です。

不動産投資で店舗などを扱う場合、事業用物件に関する正確な知識と豊富な経験のある業者に、管理や客付けを依頼することをお勧めします。

❖POINT❖ 事業用物件の原状回復の方法
❶ 契約時の状態（スケルトンなど）に原状回復する
❷ 新賃借人の契約時の状態に原状回復する（居抜きの場合）
❸ 前賃借人の契約時の状態（スケルトンなど）に原状回復する（居抜きの場合）

5-05 負担区分の具体例を覚えよう

賃貸住宅の原状回復トラブル防止のために、具体例を一緒に整理してみましょう。

❖**POINT**❖　賃貸住宅の負担区分＆原状回復義務の基本的考え
貸主負担⇒経年劣化による自然損耗、使用に伴う設備不良、使用不能など
借主負担⇒不適切な手入れや用途違反、善管注意義務違反による毀損など

■住宅設備（キッチン、浴室、洗面化粧台、トイレなど）

(a) 貸主負担例

- 浴槽、流し台、洗面台、トイレなどの経年劣化、機能低下
- 給湯器、電気温水器などの経年劣化、機能低下
- エアコン（貸主設置）の内部洗浄（クリーニング）

(b) 借主負担例

- 浴槽、流し台、洗面台、トイレなどの水垢、カビなど
- ガスコンロ置場、換気扇などの油汚れ、煤（すす）など
- エアコン（貸主設置）のフィルター洗浄

日常清掃＆メンテナンスは借主責任です。エアコンの内部洗浄は貸主、フィルター洗浄は借主負担となります。

■天井&壁（クロス）

(a) 貸主負担

- 画鋲やピンの跡（下地ボードの張替が不要な程度）
- エアコン（借主設置）のビス穴
- 日照によるクロスの変色や自然損耗による捲れ
- テレビ、冷蔵庫などによる黒ずみ（電気ヤケ）

(b) 借主負担

- 重量物を掛けるためにあけた釘穴やネジ穴（下地ボードの張替が必要な程度）
- タバコなどのヤニや臭い
- 結露や漏水を放置したことによるカビやシミ、腐食など
- ペットによる引っ掻き傷、子供の落書きなど

タバコの不始末による焦げ跡はもちろん、ヤニ・臭いも借主負担ですよ！

■床（フローリング、カーペット、クッションフロア、畳など）

(a) 貸主負担

- 家具（テーブル、ベットなど）の設置跡、へこみ
- フローリングのワックスがけ
- 畳の表替え、新調など

(b) 借主負担

- 飼育ペットによる引っ掻き傷、家具の移動に伴う傷
- 飲食物をこぼしたことによる汚れ、シミ、カビ
- 借主の不注意による雨の吹き込みによるシミ、カビ

ペット飼育可物件でも、ペットの引っ掻き傷は飼育者(借主)負担なんですね！

■ 建具（扉、襖、網戸、窓）

(a) 貸主負担

- ドアノブ、蝶番、戸車交換などの劣化による交換
- 襖・障子の張替え（経年による変色、剥がれなど）
- 網戸の張替え（経年による破れなど）
- 窓ガラス交換（真冬の気温低下に伴う熱割れ、破損など）

(b) 借主負担

- 飼育ペットによる引っ掻き傷や臭い
- 引っ越しなど家財道具の移動に伴う損傷

真冬の気温低下による窓ガラスの破損は貸主負担。保険で対応可能です！

■ その他（鍵交換、ハウスクリーニング）

(a) 貸主負担

- 鍵交換（入居者募集など）
- ハウスクリーニング（入居者募集など）

(b) 借主負担

- 鍵交換（借主による紛失、破損などの場合）
- 鍵交換（賃貸借契約の特約条項に定めがある場合）
- ハウスクリーニング（賃貸借契約の特約条項に定めがある場合）

ハウスクリーニング費用（退去後）は特約条項の定めの有無がポイントです。金額の記載も忘れずに！

分かってるようで分かってないことばかり。勉強になります！

5-06 レントロールのチェックポイントを覚えよう！

レントロールという言葉をよく聞くのですが、見たことがないんです。

賃貸条件を一覧表にまとめたものですよ。アパートやマンションとか一棟物を検討する場合、必ず事前に確認する必要があるんです。

■レントロールから色々見える

アパートやマンションなど一棟物の購入を検討する時は、「レントロール」のチェックが非常に重要です。

レントロールとは、入居者名、家賃、共益費、入居時期などが部屋番号毎にまとめられた賃貸条件一覧表です。

レントロールを見ることによって、空室の有無や平均的な家賃水準が確認でき、利回り計算も容易にできます。

レントロールを確認する上でのチェックポイントは次の通りです。

❶入居率・想定賃料⇒空室は何室あるか、想定賃料はいくらになるか確認する
❷家賃・共益費⇒賃料（家賃・共益費）が極端に高い（低い）部屋がないか確認する
❸契約時期⇒契約時期が古い部屋や直近で契約している部屋がないか確認する

入居率

レントロールを見て、最初に確認する点が、**入居率**です。

空室があれば、**「いくら」（想定賃料）**で、**「いつ」（入居時期）**、客付け可能かを見極めることが必要です。

レントロールで読み取れる同タイプの入居条件や不動産サイトの情報を基に、地元の賃貸業者に家賃相場をヒアリングするとより正確な数字がつかめます。

家賃と共益費、契約時期

次に、**家賃と共益費**そしてそれぞれの部屋の**契約時期**を確認します。

家賃と共益費に関しては、平均的な賃料水準とともに、他の部屋と比較して、極端に賃料が高かったり低かったりする部屋がないかを注意深く確認します。

(a) 契約時期が古く、他の部屋と比較して賃料が極端に高い部屋がある場合

賃料が極端に高い部屋は、物件としては全体の収益率を引き上げる有難い存在ですが、将来的な退去に伴い収益性が一気に下がり、再募集しても同条件では決まらない可能性が高くなります。

また、入居期間が長く、室内の経年劣化も進んでいるため、キッチン、浴室、給湯器など設備交換も含め、内装費が高額になることが予測されます。

このような場合、**賃料を平均的な適正価格に補正した想定賃料で収益性を考え**、退去に伴い必要となる内装費も考えておくことが必要となります。

(b) 契約時期を問わず、他の部屋と比較して賃料が極端に低い部屋がある場合

賃料が極端に低い部屋は、売主（家主）の**身内や友人が入居**している場合や**事故物件**である可能性が考えられます。このような場合、必ず、売主や不動産業者に確認するようにしましょう。

前者の場合、物件の売却に伴い賃借人が退去することになれば、空室期間が生じ、内装費なども必要になりますが、平均的な賃料水準に戻せる可能性があります。

しかし、賃借人が退去しなければ、低い賃料のまま暫く貸し続けることになります。

また、後者の場合、事件事故の内容によっては、適正な賃料水準に戻せるまでに時間がかかり、他の部屋の退去や再募集時の条件に影響する可能性が

あります。

国土交通省から「**人の死に関するガイドライン**」が 2021 年に公表され、宅建業者による借主への説明の判断基準が示されました。

家主の立場としては、事故の事実を巡り、借主とトラブルにならないことが大前提です。対象物件内に事故物件が含まれる場合、購入に対し慎重な判断が必要です。

(c) 物件の販売開始直前に、高額な賃料条件での契約が集中している場合

悪質な不動産業者が、"満室＆高利回り物件"として好条件で売却するために、**不正にレントロールを操作**している可能性があります。

レントロールの中に怪しいと感じる部屋がある場合、不動産情報サイトなどを利用して、募集情報や直近の成約情報を確認したり、地元の不動産業者にヒアリングしてみましょう。

該当する部屋の過去の募集情報は、地元の不動産業者が掴んでいる確率が高く、契約条件よりも低い賃料水準で募集されていた時期があれば、相当怪しいです。

また、現地で物件を確認するのも効果的です。

メールボックスが広告類で一杯であったり、カーテンが付いていなかったり、ライフライン(電気・ガス・水道など)のメーターが停止しているような場合、契約実態のないダミーの契約者である可能性が極めて高く、物件購入を見送ることが妥当と言えるでしょう。

レントロールの中に、極端に賃料が高い部屋があったり、低い部屋があれば、要注意ですね。

確かに！　悪質な不動産業者もいるからなぁ。

そう！　必ず理由を確認して、適正な賃料に補正することが大切です。

■実際にレントロールを読んでみよう
（ソーテックマンションの場合）

池田先生、面白そうな物件が見つかったのですが、見て頂けますか？

ソーテックマンション。8,500万円で表面利回り9.15%か。よし、一緒に確認してみましょう。

荒井さんが探してきた「ソーテックマンション」のレントロールを見てみましょう。

ソーテックマンションの賃貸料

室番	Type	契約者	敷金	礼金	家賃	共益費	駐輪場	月額計	契約始期
101	1LDK	個人	66,000	66,000	61,000	5,000	550	66,550	2020.3.15
102	1LDK	個人	67,000	67,000	62,000	5,000	550	67,550	2024.2.25
103	1DK	法人(社宅)	85,000	0	56,000	5,000	0	61,000	2024.9.1
104	1DK	空室	0	0	0	0	0	0	
201	1LDK	個人	68,000	68,000	63,000	5,000	550	68,550	2023.2.20
202	1LDK	空室	0	0	0	0	0	0	
203	1DK	個人	62,000	62,000	57,000	5,000	550	62,550	2024.10.10
204	1DK	個人	60,000	60,000	55,000	5,000	550	60,550	2023.5.10
301	1LDK	個人	100,000	85,000	85,000	5,000	0	90,000	2005.4.1
302	1LDK	法人(社宅)	100,000	0	61,000	5,000	0	66,000	2020.4.20
303	1DK	個人	60,000	60,000	55,000	5,000	550	60,550	2021.8.20
304	1DK	個人	0	0	40,000	5,000	0	45,000	2020.4.10
合計			668,000	468,000	595,000	50,000	3,300	648,300	

売買価格　8,500万円　　表面利回り　9.15%

2024年10月31日現在

この物件は、築20年の鉄骨3階建て、1LDKタイプが6室、1DKタイプが6室の計12室で構成されています。販売価格は8,500万円、表面利回り9.15%、入居率83.3%です。
　この物件で注意すべきポイントは、次の3点です。

> ❶ 空室2室の想定賃料はいくらか（104号、202号）
> ❷ 他の部屋と比較し家賃が高い部屋はないか（301号）
> ❸ 他の部屋と比較し家賃が低い部屋はないか（304号）

　まず、❶の**空室の対応**です。1DKタイプの104号と1LDKタイプの202号が空室です。1DKタイプに関しては、2021年8月（303号）から2024年9月（103号）までの約3年間で、賃料6万円から6.2万円（共益費込）で推移しています。
　また、1LDKタイプに関しては、2020年3月（101号）から2024年2月（102号）までの約4年間で、賃料6.6万円から6.8万円（共益費込）で推移しています。
　不動産情報サイトでの成約事例や地元不動産業者へのヒアリングの結果、適正な賃料水準であること、そして、概ね募集開始から3カ月ほどで成約していることが確認できました。想定賃料としては、**確実性の高い下限額**で設定します。

> • 104号⇒敷金1カ月、礼金1カ月、家賃55,000円、共益費5,000円
> • 202号⇒敷金1カ月、礼金1カ月、家賃61,000円、共益費5,000円

　次に、❷の他の部屋よりも**高い賃料で契約している301号**ですが、レントロールによると約20年前の**新築時からの契約者**であることが分かります。
　不動産業者に確認したところ、現時点では、同室の退去予定はないということですが、既に現在の賃料相場に合わなくなっているため、購入を検討する上では、現在の**賃料水準の下限額に合わせて補正**します。
　また、築13年目に給湯器を交換している他は主だった内装履歴はなく、将来的な改装費用として、別途、200万円程の予算を組んでおくこととしました。

また、❸の他の部屋よりも**安い賃料設定となっている304号**ですが、不動産業者に事情を確認した結果、**売主の親族が入居**しており、物件売却後には転居予定であることが分かりました。

したがって、空室2室と同様、再募集により適正賃料に戻せることが期待できるため、現在の**賃料水準の下限額に補正**します。

- 301号⇒敷金1カ月、礼金1カ月、家賃61,000円、共益費5,000円
- 304号⇒敷金1カ月、礼金1カ月、家賃55,000円、共益費5,000円

以上4室の補正を行った結果、レントロールは次表の通りとなり、表面利回りは、9.15％から10.80％に上がりました。

補正前 648,300円×12÷85,000,000円＝9.15％
補正後 765,300円×12÷85,000,000円＝10.80％

ソーテックマンション の賃貸料（補正後）

室番	Type	契約者	敷金	礼金	家賃	共益費	駐輪場	月額計	契約始期
101	1LDK	個人	66,000	66,000	61,000	5,000	550	66,550	2020.3.15
102	1LDK	個人	67,000	67,000	62,000	5,000	550	67,550	2024.2.25
103	1DK	法人(社宅)	85,000	0	56,000	5,000	0	61,000	2024.9.1
104	1DK	想定	60,000	60,000	55,000	5,000	0	60,000	
201	1LDK	個人	68,000	68,000	63,000	5,000	550	68,550	2023.2.20
202	1LDK	想定	66,000	66,000	61,000	5,000	0	66,000	
203	1DK	個人	62,000	62,000	57,000	5,000	550	62,550	2024.10.10
204	1DK	個人	60,000	60,000	55,000	5,000	550	60,550	2023.5.10
301	1LDK	想定	66,000	66,000	61,000	5,000	0	66,000	
302	1LDK	法人(社宅)	100,000	0	61,000	5,000	0	66,000	2020.4.20
303	1DK	個人	60,000	60,000	55,000	5,000	550	60,550	2021.8.20
304	1DK	想定	60,000	60,000	55,000	5,000	0	60,000	
合計			820,000	635,000	702,000	60,000	3,300	765,300	

売買価格 8,500万円　表面利回り 10.80％　2024年10月31日現在

補正後、少し利回りが上がりましたね。良かった！

現在の空室や301号退去時の出費はあるものの、適正な賃料水準や成約時期は判断しやすいから、検討してみる価値はありますね。

■ 実際にレントロールを読んでみよう（アクトクハイツの場合）

次に、荒井さんが選んだもう1つの物件「アクトクハイツ」のレントロールを見てみましょう。

アクトクハイツの賃貸料

室番	Type	契約者	敷金	礼金	家賃	共益費	駐輪場	月額計	契約始期
101	1LDK	個人	66,000	66,000	63,000	3,000	550	66,550	2019.4.1
102	1LDK	個人	87,000	87,000	84,000	3,000	0	87,000	2024.8.10
103	1LDK	法人(社宅)	63,000	63,000	60,000	3,000	550	63,550	2023.1.15
201	1LDK	個人	63,000	63,000	60,000	3,000	550	63,550	2022.2.1
202	1LDK	法人(社宅)	66,000	66,000	63,000	3,000	550	66,550	2019.5.1
203	1LDK	個人	65,000	65,000	62,000	3,000	550	65,550	2020.3.15
301	1LDK	個人	87,000	87,000	84,000	3,000	0	87,000	2024.7.16
302	1LDK	個人	88,000	88,000	85,000	3,000	0	88,000	2024.5.1
303	1LDK	個人	66,000	66,000	63,000	3,000	550	66,550	2019.1.20
合計			651,000	651,000	624,000	27,000	3,300	654,300	

売買価格　8,300万円　　表面利回り　9.46%　　2024年10月31日現在

　この物件は、築23年の鉄骨造3階建て、全9室全てが1LDKタイプで構成されています。販売価格8,300万円、表面利回り9.46％、入居率100％です。先程のソーテックマンションと比較検討しやすい物件です。
　一見すると、入居率100％で安定性の高い優良物件のように感じますが、気になる点があります。

それは、102号、301号、302号の3室が、販売開始直前に契約されており、**賃料水準が他の部屋より高い水準**となっている点です。

地元の不動産業者にヒアリングしたところ、地域的な賃料相場的には、同マンションの賃料下限額である63,000円程（共益費込）であり、この3室に関しても、約半年前まで、この条件で募集されていたことが判明しました。

売主がこの3室に関して、ハイグレードな住宅設備類を新設して、リノベーションした上で、好条件で客付けした可能性も考えられるため、念のため確認しましたが、やはりそういった事情もないようです。

おそらく、販売上、有利にするための**ダミー契約**である可能性が疑われます。もし、気付かずに購入してしまうと、購入後、短期間で3室とも退去してしまうかも知れません。

したがって、この物件の購入を検討するのであれば、**3室に関し適正な賃料水準に補正した上で検討**することが必要です。

この3室を除く6室に関しては、2019年1月（303号）から2023年1月（103号）までの約4年間で、賃料6.6万円から6.3万円（共益費込）で推移していますが、年々、下落傾向にある点と、空室が埋まりにくく、ダミー契約をしている可能性を考慮すると、少し**厳しめの補正が必要**と思われます。

地元の不動産業者にヒアリングしたところ、当物件は数年程前に管理会社が変更されており、共用部分の清掃状態など管理状態が悪化したこともあって、実際に現地を案内したお客様の印象も良くなかったようです。

今後、購入を機に管理会社を変更したとしても、元の賃料水準に戻すには時間が掛かることが予想されます。

3室とも賃料下限額を基準に補正率0.9を乗じて家賃を補正することにしました。

> **補正後** 家賃＝60,000円×0.9＝54,000円
> 　　　　　共益費＝3,000円×1.0＝3,000円
>
> - 102号 ⇒ 敷金1カ月、礼金1カ月、家賃54,000円、共益費3,000円
> - 301号 ⇒ 敷金1カ月、礼金1カ月、家賃54,000円、共益費3,000円
> - 302号 ⇒ 敷金1カ月、礼金1カ月、家賃54,000円、共益費3,000円

結果、レントロールは次表の通りとなり、表面利回りは、9.46%から8.14%に下がってしまいました。

補正前 654,300円×12÷83,000,000円＝9.46%
補正後 563,300円×12÷83,000,000円＝8.14%

アクトクハイツの賃貸料（補正後）

室番	Type	契約者	敷金	礼金	家賃	共益費	駐輪場	月額計	契約始期
101	1LDK	個人	66,000	66,000	63,000	3,000	550	66,550	2019.4.1
102	1LDK	個人	57,000	57,000	54,000	3,000	0	57,000	
103	1LDK	法人(社宅)	63,000	63,000	60,000	3,000	550	63,550	2023.1.15
201	1LDK	個人	63,000	63,000	60,000	3,000	550	63,550	2022.2.1
202	1LDK	法人(社宅)	66,000	66,000	63,000	3,000	550	66,550	2019.5.1
203	1LDK	個人	65,000	65,000	62,000	3,000	550	65,550	2020.3.15
301	1LDK	個人	57,000	57,000	54,000	3,000	0	57,000	
302	1LDK	個人	57,000	57,000	54,000	3,000	0	57,000	
303	1LDK	個人	66,000	66,000	63,000	3,000	550	66,550	2019.1.20
合計			560,000	560,000	533,000	27,000	3,300	563,300	

売買価格 8,300万円　**表面利回り** 8.14%　2024年10月31日現在

入居率100%で価格もソーテックマンションより安いから、期待してたんですけどね。

元々は賃料水準や稼働率も安定していた可能性があるけど、管理会社の変更を機に状態が悪化したことが原因かも知れないですね。

レントロールも怪しさ満載だから、この物件は見送った方が良さそうですね。

> **Column** "仲介手数料無料"の謎! 広告料（AD）はグレーゾーン!?

『**仲介手数料無料**』賃貸業者のホームページや看板・のぼりで、よく目にするこのキャッチコピー。

「なんて良心的なんだ！」と感謝する人はいなくても、「どうして商売が成り立つのか？」、「どこから利益を得ているのか？」と疑問に思う人は多いはずです。

宅地建物取引業法では、「宅地建物取引業者が受け取ることのできる報酬の額は、国土交通大臣の定めるところによる」とされています。

賃貸の媒介に関しては、依頼者双方（貸主・借主）から受け取ることのできる報酬の合計額は、「**賃料（消費税等相当額を含まない）×1.0＋消費税**」と定められています。また、**居住用建物の賃貸借の媒介**では、依頼者の一方から受け取ることのできる報酬額は、「**賃料×0.5＋消費税**」が上限額とされています（ただし、依頼者から媒介の依頼を受けるに当たって承諾を得ている場合は、「**賃料×1.0＋消費税**」を上限とできます）。

先程の『仲介手数料無料』の話に戻ります。

借主から受け取る仲介手数料を無料にしている業者が、貸主から上記報酬上限額の範囲内で報酬を得るのであれば、何の問題もありません。

しかし、実際には、賃貸業者の媒介による主な収入源は、貸主や管理会社から支払われる**広告料（AD）**と呼ばれる手数料なのです（AD：advertisementの略）。

現在の賃貸市場では、AD1.0（賃料×1.0）は当たり前、激戦区では、AD3.0（賃料×3.0）という物件も普通に存在しています。

では、宅建業者が、規定の報酬上限額を超える高額な広告料（AD）を得るのは問題ないのでしょうか。

建設省告示（報酬規程）には、「（前略）ただし、**依頼者の依頼によって行う広告の料金に相当する額については、この限りではない**」と定められています。つまり、多くの賃貸業者は、この条項を拠り所として貸主から高額な広告料を受け取り、借主の『仲介手数料無料』を可能としているのです。

しかし、賃貸業者が業務上行っているウェブサイトや新聞・情報誌などへの広告掲載料金などは、規定の報酬額の範囲内で賄うべきとされており、法律で受領が認められる広告料は限定されています。

賃貸市場で飛び交う「AD2.5」「AD3.0」といった高額な広告料が、その限定された"正規の広告料"に該当するのかは疑問です。

6日目

購入申込み&
売買契約の重要ポイント

6日目は、購入申込みから物件引き渡しまで、契約手続きの流れと重要ポイントを学びます。
重要事項説明(権利関係、法令上の制限など)や売買契約(解除条項、融資利用特約、契約不適合責任、危険負担など)における確認事項と注意点など、売買当事者として必ず押さえておくべき必須知識を、具体例を挙げ、詳しく解説します。

太田さん
熟練大工の太田さん。引退を考え始めた矢先に、父のアパートを相続することに。家づくりはプロだが、賃貸経営はサッパリ。太田さんの家主人生の幕開けです。

荒井さん
不動産投資歴3年目となる会社員。当初は、不動産投資に半信半疑だった夫も、今では凄く協力的である。最近は、夫婦で自主管理への移行を検討している。

6-01 いよいよ購入へ！買付証明書と売渡証明書

池田先生、私はアパートを相続したのですが、**購入する場合の流れ**を教えて欲しいです。

おっ！　前向きですね。荒井さんも先輩家主としてアドバイスをヨロシク！

はい！　専門知識はまだまだですが、売買の流れは理解できてます。

■購入申込みからの取引の流れを掴もう！

　希望条件に合う物件が絞り込め、入居者情報や賃貸借契約の確認、レントロールの分析ができたら、いよいよ**購入申込み**です。

　購入申込みから契約、決済、物件の引渡しまでの流れは次のようになります。

① **購入申込み** → 売主に**買付証明書**を提示し、売主から**売渡証明書**を受け取る

② **融資事前審査** → 売主との条件交渉と並行し、融資の事前審査を行う

③ **重要事項説明** → **宅地建物取引士**による購入物件と売買契約の重要事項の説明

④ **売買契約** → 売主と売買契約を取り交わし、**手付金の授受**を行う

⑤ **金銭消費貸借契約** → 融資実行日を決定し、金融機関と**ローン契約**を締結する

⑥ **登記手続き&物件引渡し** → 融資実行、**残代金授受**、司法書士による**登記手続き**

■融資の事前審査はスピードが決め手！

購入したい物件が絞り込めたら、不動産業者を介して売主に購入意思を伝え、条件交渉をスタートします。

ここで重要な点は、**融資を利用する人**は、金融機関の事前審査を同時進行で進め、**できるだけ早く金融機関の承認を得る**ことです。

内容の良い物であれば、同時期に複数の購入希望が集中します。売主の立場であれば、少しでも高く確実に決済できる人と契約したいのは当然のことです。

金額が同じであれば、融資を利用しなければ購入できない人よりも、確実に購入できる**現金購入者や既に融資承認を得ている人が優先**されるのは、言うまでもありません。

売主との条件交渉を少しでも有利に進めるためには、購入申込みと同時に融資の承認を得ておきたいところです。

実際、投資歴が長く金融機関との取引に慣れた人は、同価格帯の別物件で事前承認を得ておき、希望通りの本命の物件が現れた時点で物件を差し替えて承認を得ます。

しかし、金融機関との取引実績のない初心者にとっては簡単なことではありません。まずは、常日頃から金融機関に足を運び、審査に必要となる書類を常に準備しておく。そして、希望物件と出会ったら、可能な限り審査がスムーズに進められるよう行動する。この積み重ねです。

融資の事前審査って重要なんですね。契約してからじゃ遅いんだー。

投資家は良い物件を購入しようと必死ですから。日頃の金融機関との関係が大切なんですよ。

■買付証明書は"本気度"を伝える重要書類

ここから、売主に購入意思を伝える書面「**買付証明書**」の、重要ポイントを説明します。

買付証明書に記載する希望条件としては、購入価格や支払方法、引渡時

期、引渡状態、ローン特約の有無などで、売主と契約成立に向けて交渉するための重要な役割があります。

売主と条件面が折り合えば、売却条件を記載した書面「**売渡証明書**」を受け取り、契約手続きへと進めることになります。

買付証明書サンプル

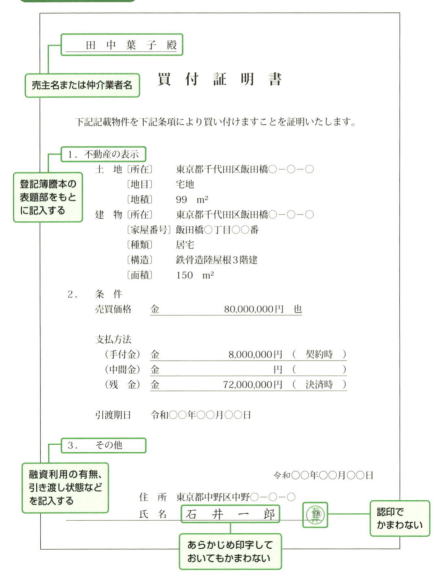

買付証明書や売渡証明書の取り交わしは、後に説明する売買契約とは異なり、原則、法的効力はなく、仮にキャンセルしても金銭的なペナルティはありません。

しかし、お互いの契約に向けての"**本気度**"**を示す重要な書類**であるため、希望条件が折り合わない場合はともかく、余程の事情がない限り、キャンセルはすべきではありません。

成約に向け、真剣に取り組んでいる不動産業者や相手方に対して、自らの信用を貶めることにもなりかねません。

実際、買付証明書提示後のキャンセルが繰り返されれば、本当に良い物件情報は回って来なくなります。『どうせまた』と相手にされなくなるのです。検討中の複数の物件を、**とりあえず押さえるといった行為は慎むべき**です。

また、先ほど、買付証明書や売渡証明書には、「原則、法的効力はない」と説明しましたが、例外があります。

例えば、購入申込者からの要望に応じて、売主が土地の実測を行ったり、改装工事に着手したりといった**契約を前提とした具体的行為**を行った場合、それ自体には法的効力のない書面による口約束と言えども、法的責任を問われることもあります。

相手方に対する意思表示という買付証明書や売渡証明書の役割と重要性をしっかりと理解しておきましょう。

■買付証明書の重要ポイントを押さえよう！

❶買付価格

販売価格に対し、**購入を希望する価格を記載**します。

ここで注意すべき点として、**根拠のない厳しすぎる指値をいたずらに入れる行為は禁物**です。

投資家の中には、"鬼のような指値"と称し、検討可能な物件に対して、片っ端から半値やそれ以上に厳しい指値を入れまくる人を目にしますが、売主との交渉が決裂するだけでなく、情報提供してくれている不動産業者に対しても、自らの信用を失う行為になりかねないと認識すべきです。

こういう話をすると、『それが適正価格である』と反論する人もいるかと思いますが、適正価格より極端に高額な条件で販売されている物件は、ほとんどの場合、高額でないと売れない事情（債務など）や売りたくない理由

（思い入れ）があるからです。

買付価格は、最も重要な購入条件であるため、しっかりと自分の希望条件を示すことは大切です。

その上でも、不動産投資を手堅く続けていこうと考えるなら、時間をかけて信用を積み重ね、情報元となる不動産業者との信頼関係の構築に努めるべきです。

売手も買手も「少しでも」と思う気持ちは一緒ですもんね。私も最初は相手にされませんでした（笑）

希望条件をしっかり伝えることは大切です。その上で、常に信用の積み重ねを意識すべきですね。

❷ 支払方法

売買代金の支払方法を記載します。一般的には、**手付金10%、残代金90%**という支払方法になります。

資金計画上、フルローンやオーバーローンを利用する予定で、1割程の手付金を用意できない場合は、事前に売主側との調整が必要です。

なぜなら、手付金には**解約手付**として、当事者に**解約権を留保**させる役割があるからです。

売買価格に対し手付金の金額が極端に少ない場合、**手付解除**（250ページ）による相手方のリスクが大きくなります。

例えば、売場価格5,000万円の取引において、手付金が1割の場合、相手方の手付解除に対し、500万円を受け取ることができますが、手付金が100万円であれば100万円となります。

特に、高額物件の取引の場合、手付金が極端に低いと売主は、「融資は通るのか」「手付解除はないか」と躊躇してしまいます。

手付金が極端に少ないことで価格交渉などを不利にしないためにも、**最低でも1割程度の手付金は用意すべき**です。

❸ 引渡時期

物件の引渡希望日を記載します。融資を利用する場合、事前に金融機関と融資実行が可能な時期を相談しておくことが必要です。

また、物件に抵当権や根抵当権など担保権が設定されている場合、売主に確認し、担保の抹消に必要となる日数を考慮した引渡時期を定めることになります。

固定資産税、管理費・修繕積立金（区分マンションの場合）、賃借人からの賃料などは、**引渡日（所有権移転日）を境に日割清算**します。

❹ 引渡状態

売主による土地の測量、建物の改修工事など、**引渡し条件とする内容があれば記載**します。特に、共用設備の不具合や入居者から申し出のあった不良箇所などは、物件引渡日までの売主側における改修を条件とします。

引渡状態に関して、当事者間の希望条件がなく、現状で引渡しを行うのであれば、**現状有姿による引渡し**である旨を記載します。

❺ その他（融資利用特約の有無など）

融資を利用する場合、**融資利用特約**（252ページ）を設けることを必ず記載します。申込みの時点で既に金融機関の事前承認が得られているのであれば、その旨も記載します。

また、融資を利用せず現金購入であれば、必ずその旨を記載しましょう。

売主の立場としては、買主が確実に購入できる相手なのかどうかは、非常に関心の高い内容です。

金融機関の事前承認が得られていたり、現金購入である旨を、しっかりアピールして、条件交渉をより有利に進められるようにしましょう。

買付証明書には非常に重要な役割があるんですね。

自分の本気度や希望条件、購入計画を売主に伝える正式な書面ですからね。

重要事項説明の重要ポイント（その1）

買付証明書を理解できました！　購入申込みからの**具体的な**流れを教えて頂けますか？

まずは**宅建士による重要事項説明**。専門用語や法律知識がたくさん出てくるけど、分からないままスルーしちゃだめですよ。

　売主との間で買付証明書と売渡証明書を取り交し、お互いの希望条件が整えば、いよいよ**契約手続きのスタート**です。

　売主や不動産業者との関係上、互いに法的責任の生じる行為となりますので、心変わりによる『やっぱり、止めます』は通用しません。内容を正確に理解した上で慎重に進めることが大切です。

　具体的には、

という流れになります。

　聞き慣れない専門用語や法律知識が多い過程になるので、具体例をあげて重要ポイントを分かりやすく解説します。

■ 重要事項説明は大切な「最終判断の場」である

　重要事項説明（重説）とは、不動産を購入する買主や賃貸で借りる借主に対し、**宅建業者に設置された宅地建物取引士が行う説明**です。

　重要事項説明は、必ず**契約締結までに行う**ことが宅建業法で義務付けられていますが、現実は、**売買契約当日の契約直前**に行われている場合がほとん

どです。

　重要事項説明は、買主が物件を購入するかどうかを決める大切な「**最終判断の場**」です。

　専門知識や経験の乏しい消費者が理解不十分のまま契約してしまうことのないよう、本来は契約の数日前までに時間をかけて説明するのが理想ですが、契約を最優先とする売主や不動産業者の立場としては、重要事項説明から契約まで間を空けずに、言い換えれば、買主が冷静に考える機会を与えずに、取引を進めてしまっているのが実情です。

　買主の立場としても、ようやく見つけた優良物件の購入機会の損失とならないよう確実に、また、後日トラブルに巻き込まれないよう安全に契約を行うことが重要です。

　そのためには、最低でも**売買契約の4日、5日前までに重要事項説明書と売買契約書のひな型を入手して、内容をしっかりと確認すべきです。**

確かに、たった数時間で重説と契約を頭に詰め込むなんて無理ですよね。最初はサッパリでした。

本来は契約数日前に重説を受けるべきだけど、同日に行うなら、重説と契約書のひな型だけは事前に目を通しておくべきだね。

■重要事項説明書は「客観的状況」＆「取引条件」の2部構成

　重要事項説明の場で、買主に交付される書面を**重要事項説明書（35条書面）**といい、

> ❶ 客観的状況　権利関係や法令上の制限など
> ❷ 取引条件　売買価格や解除条項、融資利用特約など

の2部構成からなります。

　取引条件に関しては、売買契約書（案）の内容と照合しながら、読み進めるようにしましょう。

■「客観的状況」の重要ポイント

重要事項説明書の前半は、対象となる不動産の❶**客観的状況**に関する説明です。

客観的状況とは、所在地や面積など**不動産の表示**、所有者や債権者などの**権利関係**、不動産の建築に関わる**法令上の制限**など、目的物件の重要事項説明時の状況が記載されています。

❶ 不動産の表示

目的物件の所在、地番、面積、権利の種類（所有権、賃借権など）など、主に登記情報を基にした**不動産の内容**が記載されています。

土地に関しては、**地積測量図の有無や作成年月日**を確認し、作成時期が古い場合は現況と一致しない可能性があります。

建物に関しては、**増改築の有無**を確認します。未登記の増改築部分がある場合、売主による表題変更登記を引渡し条件とします。

❷ 売主の表示、第三者による占有の有無

売主の住所、氏名、第三者による占有の有無などが記載されています。

売主と所有名義人が異なる場合、原因（相続など）と契約の相手方が売主本人であることを示す書類の提示を求めます。

また、**オーナーチェンジの場合、賃借人（占有者）の住所、氏名などが、賃貸借契約書の内容と一致しているか確認**します。

マンションやアパートなど占有者が複数の場合、レントロールなど一覧表で、各部屋ごとの占有状況を確認します。

❸ 登記記録に記録された内容

不動産の所有名義人、第三者による差押えや金融機関などによる（根）抵当権など**登記上の権利関係**が記載されています。

甲区欄に、登記名義人の住所、氏名などが記載されています。所有名義人の住所変更、婚姻、離婚などによる姓の変更の有無を確認します。

また、税金滞納などによる差押え、仮差押えがあれば、甲区欄に記載されます。**差押えがある場合、売却に関する債権者の同意が得られているかを必ず確認します**。特に、競売開始決定がなされている物件は要注意です。

乙区欄で**抵当権、根抵当権の設定の有無**を確認します。

債務超過（債務額が売買代金を上回っている状態）の場合、必ず、自己資金による弁済が可能かどうかを確認し、手付金の保全措置や金額などを売主と相談することが必要です。

物件に差押えとか入ってたら、契約していいのか不安になりますよね。

差押えは勿論、担保権の設定だって侮れないです。弁済可能かどうか確認しないといけませんよ。

❹ 法令上の制限

対象物件の都市計画法、建築基準法など法令上の制限内容が記載されています。

対象物件が、法基準を満たしていない違反建築物や既存不適格建築物でないか、接道義務を満たしているか、ライフラインの整備状況や負担金の有無など、不動産の評価に直接影響する内容であるため、慎重に確認する必要があります。

1. 用途地域（用途による地域区分）

住居系、商業系、工業系の全13種類の用途地域のうち、**対象地が該当する地域を確認**します。

用途地域毎に建築可能な用途（住宅、店舗など）が定められているため、対象物件の用途が適合しているかを確認します。

❖POINT❖　用途地域
❶**住居系**⇒第1種低層住居専用地域、第2種低層住居専用地域、第1種中高層住居専用地域、第2種中高層住居専用地域、第1種住居地域、第2種住居地域、準住居地域、田園住居地域
❷**商業系**⇒近隣商業地域、商業地域
❸**工業系**⇒準工業地域、工業地域、工業専用地域

特に、用途地域の見直しにより、**建物が建築された当時よりも、規制の厳**

しい用途地域に変更されている場合は要注意です。

（例）第1種住居地域　⇒　第1種低層住居専用地域

2. 防火地域・準防火地域・屋根不燃区域（防火・防災による地域区分）

対象地が該当する地域を確認します。地域ごとに、階数、面積などに応じた**建築制限**が設けられており、不適合の場合、**違反建築**か**既存不適格**となります。

❖POINT❖　防火地域・準防火地域・屋根不燃区域

❶**防火地域** ⇒ 都市の中心部、主要幹線道路沿いなど、大規模な商業施設や建物が密集している地域に指定され、火災、延焼による惨事を防ぐため、最も厳しい建築制限が設けられています。

❷**準防火地域** ⇒ 防火地域を取り囲むように指定され、防火地域よりも規制は緩やかですが、建築物の階数や面積に応じた建築制限があります。

❸**屋根不燃区域（法22条指定区域）** ⇒ 主に木造住宅密集地に指定され、屋根・外壁など延焼のおそれのある部分に不燃材の使用が義務付けられています。

---

3. 建蔽率、容積率、高さ制限、斜線制限、日影規制（建築制限）

対象地の指定の制限とともに、**違反建築や既存不適格でないかを確認**します。特に、建蔽率や容積率オーバーの場合、超過している事実と再建築時に同規模の建物が建築できない旨の説明が記載されています。金融機関が融資審査で必ずチェックする重要項目です。

4. 敷地と道路との関係（接道義務）

道路の種類、幅員、接道の長さ、セットバックの有無などが記載されています。

敷地と道路の関係図を基に、次のポイントを確認します。

確認ポイント
❶建築基準法上の道路に接道し、接道義務を満たしているか
❷セットバックがある場合、セットバック部分の面積と有効敷地面積
❸路地状敷地の場合、路地状部分の長さと幅員

接道義務を満たしていない場合、**再建築不可**である旨の記載があります。**金融機関が融資審査で必ず最初にチェックする最重要項目です。**

5. 都市計画法、建築基準法以外の法令上の制限

該当する法令と具体的な制限内容を確認します。特に、対象地が**文化財保護法**による**周知の埋蔵文化財包蔵地**に指定されている場合は注意が必要です。

建物を新築する場合、工事着手の60日前までに教員委員会へ届出が必要です。現地調査、試掘の結果、本格的な発掘調査となった場合、工期の遅れや建築計画の変更が必要になるケースもあります。

6. 造成宅地防災区域、土砂災害（特別）警戒区域、津波災害（特別）警戒区域

対象地が上記のいずれかの区域内にある場合、**具体的な建築制限を確認**します。

不動産投資における**災害リスクの軽減**は、非常に重要な課題です。購入するかどうか慎重に考えるべきです。

7. 水害ハザードマップにおける対象地の位置

水害ハザードマップ（洪水・内水・高潮）における対象地の位置を確認します。想定雨量、浸水予測、緊急時避難経路、避難場所などを確認し、**災害リスクの軽減**に努めます。

❖POINT❖ ハザードマップの種類

① 洪水ハザードマップ ⇒ 河川氾濫による浸水予測区域
② 内水ハザードマップ ⇒ 内水氾濫（下水道、排水路）による浸水予測区域
③ 津波・高潮ハザードマップ ⇒ 津波・高潮による浸水予測区域
④ 土砂災害ハザードマップ ⇒ 土砂災害、崖崩れ発生時の避難場所、避難経路
⑤ 火山ハザードマップ ⇒ 火砕流、溶岩流、火山灰などの到達範囲、危険性

---

8. 石綿（アスベスト）使用調査の内容

石綿使用調査の照会先（確認先）、**調査結果の有無**が記載されています。調査結果「有」の場合、石綿含有の有無を確認します。

石綿含有「有」の場合、石綿含有レベルと処理方法（除去、封じ込めなど）が重要です。未処理の場合は要注意です。金融機関の融資審査が非承認となる可能性があります。

また、調査結果「無」の場合は、石綿含有建材が使用されている可能性や実態は不明である旨が記載されます（187ページ）。

9. 耐震診断の内容

　耐震診断が必要とされる物件（昭和56年5月31日以前に建築確認申請を行った旧耐震基準の建築物）に該当する場合、**耐震診断の有無**について記載があります。耐震診断「有」の場合は診断結果が記載されます。

　診断の結果、強度不足が認められた場合、補強工事が必要となります。

　耐震診断「無」の物件、特に補強工事が未実施の物件は要注意です。「旧耐震基準」の物件に関しては、金融機関が非常に厳しい判断をしています（160ページ）。

10. ライフラインの整備状況

　飲用水、電気、ガスの供給施設および排水施設の整備状況が記載されています。

　現に利用されている施設および利用可能な状態にある施設に関し、前面道路配管の有無と口径、敷地内引込管の有無と口径、下水道に関しては、下水の排除方式（合流式・分流式）、浄化槽施設の可否が記載されています。

　なお、給水管の口径変更（増径）が必要な場合、その旨の記載があります。

（例）口径13mm　⇒　口径25mmに口径変更（増径）

11. 建築確認・検査済証の交付年月日・番号等

　新築時の**確認済証**と**検査済証**の交付年月日と番号が記載されています。確認済証がなければ、建築確認申請を行わず無許可で建てられた可能性があります。検査済証を取得していなければ、確認申請通りに建築されていない違反建築物である可能性があります。

　最近では、**検査済証の取得は、金融機関の融資審査の必須条件**であるため、必ず確認するようにしましょう。

法令上の制限は専門的で難しいですけど、金融機関が必ずチェックする項目ばかりですね。

そう！　特に、**接道義務、違反建築、耐震診断**は、絶対に押さえておくべき重要ポイントです。

6-03 重要事項説明の重要ポイント（その2）

重要事項説明書の後半は、契約書のわかりづらい条文を、特に重要な点に絞ってまとめてあるんです。

なるほど！　確かに契約書の長い条文を読んでると、重要ポイントがわかりづらいですね！

■「取引条件」の重要ポイント

　重要事項説明書の後半は、**❷取引条件**に関する説明です。
　取引条件とは、**売買代金、契約解除、損害賠償の予定、融資利用特約の有無**など、売買契約の重要なポイントが記載されています。
　売買契約書（案）の記載内容と照合しながら確認しましょう。

❶売買代金および交換差金以外に授受される金銭の額

　売買代金とその**内訳（土地、建物、消費税）**が記載されています。
　不動産の場合、**土地は非課税、建物のみ消費税の課税対象**となります。
　また、**売主が課税事業者の場合は課税取引**となり、建物に対する消費税額の記載が必要です。
　土地、建物、消費税の内訳は、売主の購入時の内訳を参考に、固定資産税評価額などに基づき按分するのが一般的です。
　次に、売買代金以外に授受される金銭として、**手付金、固定資産税、管理費・修繕積立金、賃料**などの**日割清算金**などが記載されています。
　日割清算金は、固定資産税、管理費・修繕積立金、賃借人から得られる家賃収入などを、所有権移転日を境に計算します。
　また、賃借人からの預かり**保証金**や**敷金**の授受を行う場合は、その金額も明記します。実際の取引上では、賃借人への返還義務のみ承継するケースが多いです。

売買代金以外にも、色々と当事者間で授受するお金があるんですね。

固定資産税や賃料は日割清算します。あと、借主から預かっている保証金や敷金の取り扱いも注意が必要ですよ。

❷ 契約の解除に関する事項

契約締結後の**解除の種類**、**解除期日**、**内容**が記載されています。手付解除、引渡し完了前の滅失・損傷による解除（危険負担）、融資利用特約による解除、契約不適合による解除、契約違反による解除（違約解除）、反社会的勢力の排除条項に基づく解除などです。

契約の解除に関する条項は非常に重要であるため、売買契約書の契約条文と照合しながら、内容をしっかりと理解しておきましょう。

❸ 損害賠償の予定または違約金に関する事項

契約違反による解除（違約解除）（250ページ）を行う場合の**損害賠償の予定**や**違約金の額**に関して記載しています。損害賠償の予定や違約金の額は、**売買価格の10％から20％**で定める場合が一般的です。

なお、宅地建物取引業者が売主となる場合、宅地建物取引業法第38条により、損害賠償の予定や違約金の合計額が売買代金の**20％**を超えてはいけません（但し、宅建業者間の取引は対象外となる）。

❹ 手付金等の保全措置の概要

宅地建物取引業者が自ら売主となり、手付金、中間金などを受け取る場合、指定保管機関における**保全措置**が必要です（保全措置が必要でない場合を除く）。宅建業者の倒産などから買主を保護するための措置です。

❖ POINT ❖ 保全措置が必要でない場合

未完成物件：手付金などの額が売買代金の**5％以下かつ1,000万円以下**
完成物件：手付金などの額が売買代金の**10％以下かつ1,000万円以下**

❺金銭の貸借のあっせんに関する事項（融資利用特約）

買主が融資を利用する場合の**金融機関**、**融資利用額**、**金利**、**借入期間**、**融資非承認の場合の解除期日**、**宅建業者による斡旋の有無**などが記載されます。

融資利用特約は、予定していた融資の承認が得られなかった場合の**買主保護を目的とした特約**であるため、特約を悪用した契約解除によって、売主が不利益を被ることがないよう、買主が予定している融資の内容を具体的に記載することになります。

❖POINT❖ 融資利用特約で記載される内容

金融機関名	○○銀行　○○支店
融資利用額	5,000万円
金利	2.00%
借入期間	25年
解除期日	○○年○○月○○日
斡旋の有無	無

❻担保責任の履行に関する措置（契約不適合責任）

売主が**契約不適合責任**（253ページ）を履行するために、**保険契約や保証委託契約**を締結している場合は、保険契約や保証委託契約の**名称**、**目的**、**期間**、**保証金額の限度額**、**保証対象の範囲**などが記載されます。

売主が保険や保証に頼らず、買主に対する契約不適合責任を果たすという場合であれば「**措置を講じない**」となります。

❼土地の測量による売買代金の清算

登記簿面積と**測量面積**の間に差異が生じた場合の清算に関して記載しており、**清算基準面積**と**1㎡あたりの清算単価**を記載します。通常、清算基準面積は、次のいずれかとなります。

(a) 私道負担（セットバック含む）なし ⇒ 登記簿面積（公簿面積）
(b) 私道負担（セットバック含む）あり ⇒ 私道負担を除く有効宅地面積

公簿取引の場合は売買価格は変わらないけど、実測取引の場合、測量結果によって価格が増減することになるから注意が必要です。

私が2件目に購入した戸建てが、測量したら面積が全然違いました。

地積測量図がなかったり、作成時期が古い場合は、特に注意しないといけませんね。

売買契約の重要ポイント

■ 売買契約書を取り交すと法的責任が生じる

重要事項説明を受け、内容を理解し納得できたら、**売買契約書**を取り交します。

売買価格、引渡時期、引渡状態など、お互いの希望条件が整って正式に契約するわけですが、無事に取引を完了できるケースばかりではありません。

当事者に契約を進められない事情が生じたり、天災地変などで目的物件が滅失してしまったり、予定していた融資が利用できなくなったりと、想定していなかったことが起こり得るのが不動産取引です。

そのため、契約締結後や物件引渡し後に、当事者間でトラブルになることを防ぐために、予め**契約条項という形で、お互いの約束事を書面化しておく**のです。

重要事項説明と売買契約の一番の違いは、当事者に法的責任が生じることです。

買主には代金を支払う義務があり、売主には目的物件を引渡す義務があります。

当事者の何れかが契約を履行しなければ、契約条項や法令に従い対処することになります。

契約条項の中でも、特に重要なのが、これから説明する❶**手付解除**、❷**違約解除**、❸**危険負担**、❹**融資利用特約**、❺**契約不適合責任**の5つです。

何れも重要な内容ですから、しっかりと理解しておきましょう。

手付金を払って契約した後に、想定外のことが起こったら困りますね。

そう。そのために、あらゆるケースを想定して、どのように対処するかを、**契約条項として書面化して**おくんですよ。

■ 手付解除は金額と期日が重要

　売買契約時に当事者間で授受するお金が手付金であり、一般的には売買価格の10%程度です。

　手付解除とは、手付解除期日として定めた期日までであれば、買主は手付金を放棄し（手付流し）、売主は手付金を返還し、さらに同額を買主に支払う（倍返し）ことにより契約を解除できるとするものです。

　これを不動産業界では「**手付流しの倍返し**」といいます。

　手付解除期日は、売買契約から30日程度で定めるのが理想です。

　手付解除の場合、原則、理由を問わず契約解除できるため、当事者の一方に偏りがある定め方は望ましくありません。

　買主の自己資金が少なく手付金が少額となる場合であれば、売主のリスクが大きくなるため、次に説明する**違約金**の金額設定で調整を行ったりします。

　また、売主が債務超過の状態の状態であれば、高額の手付金を授受するリスクを踏まえ慎重な判断が必要です。

❖POINT❖　手付解除で注意すべき内容

❶ 手付金が少ない　⇒　手付解除による売主のリスク
❷ 手付解除期日が短い　⇒　契約締結後の当事者の解除権を制限
❸ 債務超過の状態である　⇒　手付金を債務の弁済に充当されるリスク
❹ 売主が宅建業者である　⇒　手付金等の保全措置が必要

■ 違約解除は相手方の契約不履行に対する解除権

　手付解除に対して、相手方の契約違反や契約不履行を理由に、催告の上、契約解除することを**違約解除**といいます。

　違約解除の重要ポイントは、次の2点です。

> ❶ 違約解除を申出する者が契約の「履行に着手」していること
> ❷ 相手方に対して「履行するよう催告」が必要

　履行の着手とは、「客観的に外部から認識し得るような形で履行行為の一

部をなし、または履行の提供をするために欠くことのできない前提行為をしたこと」と定義されています。

実際の不動産取引における具体例で説明しましょう。

(a) 売主による履行の着手
- 買主の希望に応じ建物を解体し更地にした
- 買主の希望に応じ土地の実測を行った
- 買主の希望に応じ建物の内装工事を行った

(b) 買主による履行の着手
- 中間金（内金）を支払った
- 引渡し期日を過ぎ繰り返し催告を行った
- 建築業者に着手金を支払い建築請負契約を行った

これらは、不動産取引における履行の着手の一例ですが、実際には「履行の着手」に対する見解が単純ではなく、当事者間の認識の違いや行為に至るまでの経緯などによっても判断が異なります。

実務的には、予め損害賠償の予定や違約金の金額を定め、手付解除期日を超えて相手方に契約不履行があれば催告の上、違約金を請求できるものと取り決めておくことになります。

損害賠償や違約金の額は、**(a) 手付金の額、(b) 売買価格の10％から20％程度**で定めることが多いです。

(a) 売主の契約不履行 ⇒ 物件の引渡しや所有権移転登記に応じない
(b) 買主の契約不履行 ⇒ 代金（中間金・残代金）の支払いに応じない

手付解除と違約解除の考え方の違いは重要ですよ。

今まで意識したことがなかったです。すごく勉強になります。

■ 危険負担「万が一」のリスクは債務者（売主）が負う

　危険負担とは、契約締結後、引き渡しまでの間で、天災地変など、**売主、買主のいずれにも責任のない理由で目的物件が滅失または毀損した場合**、修復可能なら売主が修復し買主に引き渡し、目的物件が滅失した場合は、買主は売買代金の支払いを拒絶し、**契約を解除できる**というものです。

　危険負担の場合、天災地変など「万が一」のリスクに対する負担区分は**目的物件の引渡しが基準**となります。

　したがって、**契約締結から目的物件の引渡しまでは売主が責任を負い、目的物件の引渡し以降は買主が責任を負う**ことになります。

　これは、2020年4月1日の民放改正により、天災地変など「万が一」のリスクを**買主（債権者）が負うとする危険負担の「債権者主義」が撤廃**され、**売主（債務者）が負う「債務者主義」へと改められた**ことによるものです。

■ 融資利用特約は特約期日が重要

　融資利用特約とは、買主が売買代金の一部または全部に融資を利用することを条件に売買契約を締結し、予定していた融資額の全部または一部が不成立となった場合、買主は解除期日までであれば契約を解除することができ、すでに授受された手付金も返還されるとする特約です。

　融資利用特約の期日は、**売買契約締結後30日程度で設定**することが多いです。

　融資利用特約は買主保護の特約であるため、融資が非承認となれば売主は契約を解除されるリスクを負います。

　したがって、買主には融資成立に向けて誠実に努力すべき信義則上の義務が課されます。

　買主が、契約後に購入意欲をなくし故意に融資申し込みを遅らせたり、融資審査に誠実に取り組まなかった場合には、融資利用特約による解除は認められません。

融資利用特約は買主保護の特約です。必ず**特約期日内に金融機関の正式承認を得る**ようにしましょう！

❖POINT❖ 融資利用特約による解除ができない場合

❶ 特約にある**金融機関**とは別の金融機関で審査が非承認となった場合
❷ 特約にある**融資利用額**より高額の融資を申し込み非承認となった場合
❸ 申込内容に**不告知**や**虚偽告知**などがあることが判明し非承認となった場合
❹ 事前審査の承認後、**新たな借入れをした**ことが判明し非承認となった場合
❺ 融資利用特約による**解除期日**を超えて解除を申し出た場合

■契約不適合責任は"契約時の状態"が決め手

契約不適合責任とは、買主に引渡された目的物が種類、品質、数量、移転した権利に関して**「契約内容と適合しない」ものであった場合に、売主が負うべき責任**を定めたものです。

つまり、引渡し後の物件に雨漏りや白蟻被害などが発見された場合、買主が「約束していた状態ではない」と売主に対して責任を求めることができるのです。

❖POINT❖ 契約不適合の具体例

❶ **建物**⇒雨漏り、シロアリの害、木部の腐食、給排水設備の故障など
❷ **土地**⇒地中埋設物、土壌汚染、軟弱地盤、擁壁不良、境界越境など
❸ **権利**⇒抵当権や地上権などの付着、一部が他人の権利である場合など

売主の契約不適合責任に対し、買主は❶**追完請求**、❷**代金減額請求**、❸**損害賠償請求**、❹**契約解除**という4つの権利で対抗できます。

買主は不適合を知ってから**1年以内**に相手方に**「通知」**（民法改正前の瑕疵担保責任は「請求」）すれば、1年経過後でも請求は可能です。

但し、不適合を知った時から**5年**、権利を行使できる時から**10年**経過すると**時効消滅**するため注意が必要です。

また、買主の立場として理解しておきたい重要な点は、**「売主は契約不適合責任を負わない」**旨の免責特約や、**1年間の通知期間を短縮**することも可能であるということです（売主が宅建業者の場合を除く）。

したがって、当事者で取り交わす「付帯設備表」や「物件状況等報告書（告知書）」を基に、不具合箇所や経年劣化の程度など対象不動産の**"契約時の状態"を正確に確認し合い、売主が負うべき責任の範囲や期間の制限を設**

けることが大切です。

　なお、売主が不適合の事実を知っていたにも関わらず、故意に買主に告げなかった場合などは契約不適合責任を免れません。

買主は物件の不具合に4つの権利で対抗できるんですね。安心しました。

そう。でも、実際の取引では免責特約も多いから注意が必要ですよ。

その場合は泣き寝入りするしかないんですか。

トラブルが起きた時の対応も大事だけど、未然防止が何より大切！　つまり、"契約時の物件の状態"を正確に把握することです。

❖**POINT**❖　付帯設備表＆物件状況等報告書(告知書)で
　　　　　　押さえるべきポイント

❶ 付帯設備の有無、不具合の有無など
❷ 雨漏り、白蟻被害、木部の腐食の有無
❸ 給排水設備の故障や漏水などの有無
❹ 事件事故の有無(自殺、他殺、火災など)
❺ 売買に影響を及ぼす周辺施設(ゴミ集積所、火葬場、墓地、暴力団事務所など)

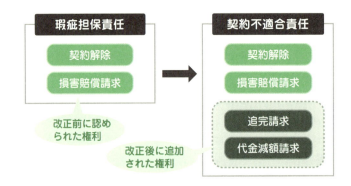

6-05 融資申し込み＆決済手続きの重要ポイント

融資の申し込みは、融資利用特約の期日を意識して速やかに進めることが必要です。

でも、事前審査は通ってるわけですし、より有利な銀行を探したいですよね。

少しでも好条件で借りたいのは分かりますが、金融機関への信用を築くことが先決ですよ。

■融資申し込みはスピード勝負！貪欲さが裏目に出ることも

契約から決済までの間は、融資の申し込み、金銭消費貸借など融資を予定している金融機関との手続きが続きます。

まず、事前審査で承認を得た金融機関で、**正式な申し込み**を行います。

❖POINT❖　融資申し込みから実行までの流れ
❶事前審査⇒❷申し込み⇒❸本審査⇒❹承認⇒❺金銭消費貸借契約⇒
❻融資実行⇒❼担保権設定（抵当権・根抵当権）

融資利用特約の解除期日内に、確実に承認を得る必要があるため、事前に**必要書類を確認**し、取り揃えておきましょう。

また、より好条件の融資を受けるため、他の金融機関に乗り換えたり、融資額の増額などの申し出を行った結果、特約期日内に承認が得られなった場合、融資利用特約による解除は認められません。

❖POINT❖ 融資の申し込みに必要な書類

❶ 登記簿謄本、公図、地積測量図、建物図面、検査済証
❷ 重要事項説明書、売買契約書　※何れも原本が必要
❸ 住民票（個人）、商業登記簿謄本（法人）、印鑑登録証明書
❹ 源泉徴収票・確定申告書3期分（個人）、決算報告書3期分（法人）
❺ レントロール（購入予定の物件・保有中の物件）

■融資実行日を決めて金銭消費貸借契約を結ぶ

　融資申し込み後の本審査で承認が得られたら、次は、金融機関との**金銭消費貸借契約（ローン契約）**を結びます。

　契約の際に、必要となるのが**融資実行日（決済日）の調整**です。

　まず、金融機関に審査の承認から融資実行までに必要となる日数を確認します。次に、売主との日程調整です。

　物件が無担保であれば、売主との日程調整のみですが、担保権が設定されている場合、売主側で担保の抹消手続き、一括弁済などの必要日数を担保権者（金融機関）と調整してもらい、最終的な融資実行日（決済日）を決めることになります。

決済日を決めるには、**金融機関との日程調整**が必要になるわけですね。

そう。借りる時も返す時も必ず金融機関と相談が必要です。弁済時には利息計算も必要です。

■失敗できない！　決済は不動産取引の"千秋楽"

　金融機関との金銭消費貸借契約が完了したら、いよいよ**決済**です。

　決済とは、**融資実行とともに売主との残代金や日割清算金の授受、登記申請手続き、物件の引渡しなどを行う最後の手続き**です。

　売主、買主、司法書士など、取引関係者が一堂に会する不動産取引の"千秋楽"です。ここで失敗するわけにはいきません。

❶ 登記手続き　（主役）司法書士

　売主と買主の登記申請書類を担当の司法書士が確認し、問題なければ、**売渡証書、所有権移転登記申請に関わる委任状**などに当事者が記名押印します。

　また、売主の担保権の抹消書類は、多くの場合、決済後に司法書士が金融機関（担保権者）の窓口で受け取り、売主の担保権抹消登記、売主から買主への所有権移転登記、買主の担保権設定登記の申請を同時に行います。

> **売主** ⇒ 権利証（登記識別情報通知）、印鑑証明書などを確認し、売渡証書作成と担保権抹消登記申請の手続きを行う。
> **買主** ⇒ 住民票、印鑑証明書などを確認し、所有権移転登記と担保権設定登記申請の手続きを行う。

❷ 融資実行＆決済金授受　（主役）売主、買主、金融機関

　当事者の登記申請書類が全て整ったら、買主の**融資実行**です。

　売主に支払う残代金や日割清算金、司法書士の登記費用、不動産業者の仲介手数料など**全ての金銭授受**を行います。

　特に、賃料の日割清算に関しては、注意が必要です。借主からの賃料に関して、売主（現貸主）の受取り終了月と、買主（新貸主）の受取り開始月を、間違いのないよう確認し合います。

　所有者（貸主）変更の事情を理解できていない借主が、送金先を誤ってしまうことは少なくありません。

　また、収納代行業者、保証会社に対する貸主や送金先の変更手続きも滞りなく行うことが大切です。

❸ 物件引渡し＆引継ぎ作業　（主役）売主、買主

　決済金授受が完了したら、最後に**物件引渡し**です。

　原則、取引や物件に関して、当事者が確認や説明を行う最後の機会になるため、確認漏れや説明不足のないよう、慎重に対応しましょう。

1.鍵の受け渡し

　マスターキー、共用部分（管理室、電気室、物置など）の鍵、各部屋合鍵

など、売主が管理する全ての鍵の受け渡しを行います。

2.賃貸借契約関連書類の受け渡し

賃貸借契約書（原本）、入居者関連資料（住民票、印鑑証明書、身分証明書など）などを、売主から買主に引継ぎします。

3.不動産関連書類の受け渡し

確認済証、検査済証、筆界確認書、耐震診断結果報告書、建物状況調査報告書、消防用設備等点検結果報告書、各種保証書などを、売主から買主に引継ぎします。

決済は、関係者全員が集まり手続きを行う重要な場だから、相談や確認したい事があれば、リストアップしておくといいですよ。

そうですね。物件の引渡し後に困らないよう、しっかり整理しておきます。

■新米家主に休みなし！ 決済後の対応は滞りなく！

不動産取引が全て完了し、ほっと一息つきたいところですが、新米家主に休みはありません。**物件購入後に必ず対応すべき3つのポイント**を解説します。

❶借主に対する所有者（貸主）変更手続き

オーナーチェンジ物件の場合、必ず、**借主に対する所有者（貸主）変更手続き**が必要です。

具体的には、所有者（貸主）変更通知の送付、賃料振込先の変更手続き、賃貸借契約書の取り交わしなどです。

売主からの引継ぎ情報と状況（連絡先、勤務先など）が変わっている借主も少なくないため、この機会に入居者情報を整理し直しましょう。

❷ 付帯設備表＆物件状況等報告書（告知書）による確認

　空室物件の場合、契約時に売主と取り交わした**付帯設備表**や**物件状況等報告書（告知書）**を基に、説明内容と現況に差異がないかを１つひとつ注意深く確認します。

　売主との関係においては、契約時に説明を受けた内容と異なる不具合があれば、**契約不適合責任**により請求することになります。

　改正民法では、契約不適合を知ってから**１年以内**にその旨を売主に**通知する**ことが必要です（但し、契約不適合責任の免責や通知期間の短縮がなされている場合は異なります）。

❸ リフォーム手配＆入居者募集準備

　空室物件の場合、引渡し後の状態を確認した上で、**リフォームの手配と入居者募集の準備**に取りかかります。

　入居者募集を依頼する管理会社や不動産業者、リフォームを依頼する内装業者や工務店と現地を確認し、必要となるリフォームの範囲や内容、入居者の募集条件や募集開始時期などを打ち合わせします。

　特に、物件購入時に必要となる改修工事費は、収益性に直接影響するため、改修工事の見積りは、１社だけでなく複数社（２〜３社程度）に依頼するのが理想です。

私は一件目が築古戸建てだったので、リフォームの打ち合わせが大変でした。費用も時間も想像以上にかかっちゃいました。

不動産投資は**購入してからが勝負**ですからね。

荒井さん、今度から内装は私に声掛けてください（笑）

> **Column** 買主も必要？　媒介契約書

不動産を「売りたい」「買いたい」と思った時に、不動産業者に売却や購入の斡旋を依頼し取り交わすのが**媒介契約書**です。媒介契約には次の3種類があります。

❶ **専属専任媒介契約** ⇒ 売主が宅建業者1社だけに売却を依頼する形態です。売主は自ら探してきた買主との直接契約（自己発見取引）ができません。

❷ **専任媒介契約** ⇒ 売主が宅建業者1社に売却を依頼する契約形態です。売主は自ら探してきた買主との直接契約（自己発見取引）が可能です。

❸ **一般媒介契約** ⇒ 売主は複数の宅建業者に売却を依頼できる形態です。売主は自ら探してきた買主との直接契約（自己発見取引）が可能です。

この説明通り、媒介契約の場合、売主がどの業者に依頼するかを、それぞれの契約形態の特徴を理解し判断するという内容ですが、買主の場合はどうでしょうか。

宅地建物取引業法第34条の2では、「**不動産の売買または交換の媒介の契約を締結したときの書面の交付義務**」が規定されています。

ただし、買主の場合、媒介を依頼する物件が特定されていないため、媒介契約書には、**希望する条件**や**希望の程度**を記載する形式になっています。

しかし、実際には、媒介契約を正式に取り交わした上で物件探しを始める不動産業者ばかりではなく、『いい物件があったら声かけて！』『分かりました』という口約束によって、不動産業者と依頼者（買主）との関係が成り立っています。

結果、この**"書面のない曖昧な関係"**が、問題に引き起こしているのも事実です。不動産業者からの情報提供、内覧、条件交渉などにより、取引物件が特定できたにも関わらず、『手数料を払いたくない』という邪道な考えから不動産業者を意図的に排除し、売主と買主が直接契約してしまうようなケースです。

このようなケースでは、現地案内、資金計画など一連の動きの中で、既に**媒介契約が成立**していたと判断され、成約に向けて尽力した不動産業者の貢献度に応じ**た媒介報酬請求権の発生**を認めている判例がたくさんあります。

つまり、宅建業法では書面の交付義務が規定されていますが、媒介契約の成立要件ではないという解釈ができます。

日本では、当事者の**合意の意思表示**があれば、契約は成立します（**諾成契約**）。

しかし、高額なお金の動く不動産取引においては、当事者の信頼関係の構築や継続に対する**契約書面の必要性と、その重要性**を再認識する必要があります。

7日目

不動産投資＆賃貸経営の重要ポイント

最終章では、不動産投資＆賃貸経営の重要ポイントを学びます。取引先(管理会社、不動産業者、リフォーム業者)との関係性、管理形態(全部委託管理、一部委託管理、自主管理)別のメリット＆デメリット、賃貸住宅管理業法の施行と賃貸住宅管理業者の登録制度など、"自分流投資スタイル＆賃貸経営"の実現に必要な知識を盛り込みました。

太田さん
熟練大工の太田さん。引退を考え始めた矢先に、父のアパートを相続することに。家づくりはプロだが、賃貸経営はサッパリ。太田さんの家主人生の幕開けです。

荒井さん
不動産投資歴3年目となる会社員。当初は、不動産投資に半信半疑だった夫も、今では凄く協力的である。最近は、夫婦で自主管理への移行を検討している。

7-01 成功の鍵はリフォーム業者選び

■リフォーム業者との信頼関係が成功の鍵！

不動産投資、賃貸経営を続けていく上で、**リフォーム業者との関係**は非常に重要です。

空室時の改装工事はもちろん、賃貸中の室内や共用部の設備の不具合など、修繕や交換対応を必要とする場面はたくさんあります。

また、リフォーム業者以外にも、消防用設備の点検業者、貯水槽や排水管の清掃・メンテナンス業者など、賃貸経営のあらゆるシーンで専門業者と関わる機会があります。

リフォーム業者との関係の重要性は、家主業や管理業に携わった経験のある人であれば、充分に理解できるはずです。

後に詳しく解説しますが、管理会社や客付け依頼業者選びの必須要件でもあり、**不動産投資の成功のキーポイント**と言っても過言ではありません。

リフォーム業者との関係はすごく重要ですね。
築古戸建てはすごくお金がかかります。

修繕費は不動産投資の最大の課題。特に古い物件の場合、修繕費が高額になるから、収益がマイナスになることも珍しくないですよ。

■リフォーム業者には得意分野がある

リフォーム業者と聞くと、誰もが室内を綺麗に改装してくれる職人さんを想像するのではないでしょうか。

もちろん、それで正解ですが、一言でリフォーム業者と言っても、**内装業者や工務店など、施工内容や業態による分類がある**のをご存じでしょうか。

内装業者とは、主にクロス、カーペット、フローリング、住宅設備などの**内装仕上げ工事を行う業者**です。

更に、手配する工事項目によって、壁や天井、床材、建具類など表装工事を専門とする業者やユニットバスやキッチンなど水まわりの住宅設備を専門とする業者、給湯器や温水器など給湯設備や給排水設備を専門とする設備機器の業者など、内装工事に関連する業者は多々あります。

また、内装業者でも、住宅を中心に扱う業者と主に店舗を専門とする業者があります。

工務店は業者を手配し全工程を管理する

工務店は、設計から施工まで工程に応じ専門業者を手配し現場を管理し、幅広く建築、土木工事全般を取り扱う地域密着型の業者です。

原則、自社施工ではなく、**取引先である下請け業者を手配し、全工程を管理する**のが工務店の仕事です。

工務店の場合も、主に戸建やビルの建築を専門とする業者や室内工事を中心に手掛ける業者もあります。

このようにリフォーム業者には様々な種類があり、それぞれ、得意とする分野が異なります。

不動産投資を成功させるためには、**リフォーム業者の得意分野を理解した上でお付き合いする**ことが何より重要です。

内装業者と工務店の違い

	内装業者	工務店
業務内容	内装仕上げ工事（躯体は対象外） 申請業務は対象外	設計・施工・管理（建築物全体） 申請業務も可能
施工対象	区分マンション（専有部分のみ）	戸建て&一棟物
施工費	クロス職人や大工上がりの内装業者が多く、直接施工も可能である 比較的、低額	下請け業者を手配し、管理するのが仕事。工務店の利益分が割高となる 比較的、高額
専門性	居住用or事業用 得意分野あり	居住用or事業用 得意分野あり

一軒の家を建てるにも、一つの部屋を改装するにもいろいろな施工業者が関わりますよね。

私もいつも工務店から仕事をもらってます。内装業者と協力しながらリフォームしてますよ。

■ リフォーム業者は3社以上と取引する！

賃貸経営を続ける上で最も楽な方法は、**元受け業者としてどんな工事でも手配できる工務店と取引する**方法です。

しかし、工務店は下請け業者から上がってくる見積もりに概ね**10%〜20%程度の利益を上乗せ**しているため、自社施工が可能な業者に直接依頼する場合よりも**施工費用は割高**になります。

発注先の見極めで差がつく！（加圧ポンプ交換工事の事例）

私が実際に経験した加圧給水ポンプ交換工事の件を紹介しましょう。

真夏の早朝に、**マンションに設置されている加圧給水ポンプが故障**し、全戸断水状態となりました。

入居者から次々に連絡が入る中、約1時間後に仮復旧できましたが、完全停止するまでに概ね1週間から10日程しか時間がありません。

まず、取引のある工務店経由で見積りを取得したところ、施工費込みで約150万円、商品の納品、施工が最短でも2週間はかかるという説明でした。金額もさることながら、施工までの日数に不安があります。

もう一度、ポンプが故障すれば、完全に断水状態に陥り復旧は不可能です。もしそうなれば、入居者の生活にも多大な影響を与えてしまいます。

そこで、**貯水槽や排水管洗浄作業を依頼している業者に相談**しました。

その結果、見積額は施工費込みで約90万円、最短7日で施工可能というより安価で短い工期で実施できる内容でした。

最初に見積り取得した工務店との決定的な違いは、自社施工が可能である点と、商品を直接仕入れることが可能である点でした。

このように、同じ工事内容であっても、依頼する業者によって、金額だけ

でなく、工期にも大きな差が出ることがご理解頂けるでしょう。

内装業者であれ、工務店であれ、**大切なことは、施工依頼する工事項目によって、依頼業者を使い分ける**ことです。

内装仕上げ工事が得意な業者、設備機器の設置、メンテナンスができる設備業者、オールマイティにこなせる工務店など、**3社以上と取引するのが理想的**です。

■ 施工業者や見積りの適正価格、相場を知っておこう

不動産投資を始めたばかりの頃は、全て**管理会社にお任せの状態**となり、修繕や改装工事にどのような業者が関わり、管理会社から提示された見積額が適正な金額なのかどうかも判断できないと思います。

しかし、不動産投資を長く続けていこうと考えるなら、管理会社が依頼する施工業者や見積り内容にも、しっかりと目を向けるべきです。

管理会社が依頼する施工業者が特定の工務店一社だけだとしたらどうでしょう。

他の施工業者であれば、どの程度の金額で作業できるのかという適正価格、相場が把握できず、高額な修繕費を負担してしまう可能性があります。

先の例のような一刻を争う緊急時でなければ、**複数の業者の相見積りを取得し、適正価格と工期を比較検討すべき**です。

管理会社には、家主、入居者双方の立場において最善の選択を提案できる力が求められます。

工事内容に応じた発注先の見極めや使い分けができない管理会社であれば、改修費用が割高になるばかりでなく、施工日数がかかり、入居者の生活に多大な影響を与えてしまうリスクがあることを理解しておきましょう。

管理会社には、工事内容に応じた発注先の見極め、使い分けする力が求められます。

すごく理解できます！　見積りが一社だけだと高いのか安いのか分からないですもんね。

7-02 管理業務と管理形態の基本を学ぼう

管理会社にどの業務をどの範囲で任せるかによって、大きく3つの管理形態があるんです。

う〜ん、家賃を督促してもらったり、リフォームをお願いしたりくらいしか思いつかないです。

管理と聞いて最初に思い浮かぶのが、**家賃の督促とクレーム処理**ですね。

■ 不動産投資との関わり方で管理形態は変わる

賃貸経営を始める上で、**最初に決めることになるのが管理形態**です。
管理形態には、大きく

❶ 全部委託管理
❷ 一部委託管理
❸ 自主管理

があり、**不動産と入居者が管理対象**となります。
　どの管理形態を選択するかを決める前提条件は、**不動産投資との関わり方**です。
　時間をかけず副収入程度と割り切るのか、本業と家主業を両立したいのか、将来は脱サラして専業大家になりたいのかなど、不動産投資に対する考え方によって管理形態の選び方が異なります。
　そして、先ほど説明したリフォーム業者など各専門業者との関わり方が変わってきます。

■家主として"自分でできること"を考えてみる

池田先生、具体的にどのように管理形態を選べばよいのですか？

管理業務の中から自分でできることを考えてみるといいですよ。太田さんの場合は特に！

　不動産投資との関わり方や管理形態を考える上でヒントとなるのは、**家主として、"自分でできること"を考えてみること**です。
　その上で、管理会社に委託する内容を絞り込み、管理会社に支払う管理料を相談するとよいでしょう。
　まずは、具体的に管理業務を整理して、最初から自分自身でできそうなこと、経験を積めばできるようになることを分類していけば、管理形態を決めるヒントが得られます。
　次の表を見て、YES か NO に○を付けてみましょう。

❶家賃集金業務（請求書発行、遅延者・滞納者への督促請求など）	
・全て管理会社に委託する	YES or NO
・自分で行う（賃貸保証会社の活用など）	YES or NO
❷清掃業務（日常清掃・定期清掃）	
・全て管理会社に委託する	YES or NO
・自分で業者を手配する（清掃業者、シルバー人材センターなど）	YES or NO
・自分で行う	YES or NO
❸定期点検&定期作業（消防用設備点検、貯水槽清掃、排水管清掃など）	
・全て管理会社に委託する	YES or NO
・自分で専門業者を手配する	YES or NO

❹契約期間中の修繕作業	
・全て管理会社に委託する	YES or NO
・自分で施工業者を手配する	YES or NO
・自分で行う（水道パッキン交換など軽作業）	YES or NO
❺空室時のリフォーム工事	
・全て管理会社に委託する	YES or NO
・自分で業者を手配する（ハウスクリーニング、エアコン設置など）	YES or NO
・自分で行う（DIY）	YES or NO
❻入居者募集&契約手続き	
・全て管理会社に委託する	YES or NO
・自分で賃貸業者に依頼する	YES or NO
・自分で行う（ジモティー、ウチコミ、エコーズの活用）	YES or NO
❼入居者からの苦情&相談対応	
・全て管理会社に委託する	YES or NO
・自分で行う（24時間コールセンター「アクセス24」の活用など）	YES or NO
❽退去立ち会い&保証金（敷金）精算	
・全て管理会社に委託する	YES or NO
・自分で行う（内装業者や工務店に協力依頼）	YES or NO

　いかがでしょうか。
　初めて不動産投資にチャレンジする人は、「全て管理会社に委託する」が多かったのではないでしょうか。
　「賃貸管理に時間をかけたくない」「入居者と直接やり取りするのは苦手」「トラブルになったら怖い」等々、当然のことです。
　初心者のうちは、賃貸経営の全体像が見えていないため、全部委託管理で管理会社に任せても構わないでしょう。
　しかし、本当に信頼のおける管理会社に依頼しなければ、様々な問題、不満、ストレスで頭を悩ませることになります。
　特に、設備機器の修繕作業やリフォーム工事の費用、入居者からの苦情・

相談への対応、空室の入居付けなど、賃貸経営に慣れれば慣れるほど、改善すべき点がたくさん見えてくるはずです。

少しずつで構いません。自分でもできそうなことを実践していくうちに、最初は難しく、煩わしいと感じていたことが、意外と楽しくなったりするものです。

結果、時間をかけて少しずつ「自分でできること」「自分でやってみたいこと」が増えてくるはずです。

不動産投資、賃貸経営との関わり方は、スタートで決めた通りである必要はありません。

賃貸経営の厳しさや現実を学ぶことで、管理会社との関係、管理形態を見直しながら、不動産投資の旨味、楽しさが実感できるようになります。

最初は管理会社に全てお任せだった人が、経験を積む中で、**全て自主管理に切り替え、客付けまで全て自分でこなすという強者へと変わる**ことも珍しいことではありません。

大切なことは、**その時々の自分にとって最適な管理形態、不動産投資や賃貸経営との関わり方を考えていくこと**です。

太田さん、どうですか？　自分でできそうなことありますよね？

そうですね！　自分で修繕したり、知り合いの業者を手配したり、あとお掃除も結構好きですよ。

太田さんは結構有利ですよ！私たちができないこと、たくさんできるんですから。

■ 管理料は委託業務とのバランスが大切！

家主として、管理形態に関わる最大の関心事は、**管理会社に支払う管理料**です。管理料は月々のキャッシュフローに直接影響します。

管理料は、月額の家賃収入を基に**定率制か定額制で決める**ことになります。

定率制は入居率＆家賃収入で変動する

定率制とは、**月々の家賃収入に対し一定の料率を乗じて管理料を計算**する形態です。

例えば、月額家賃収入1,000,000円に対し、料率5％で計算する場合、管理料は50,000円（1,000,000円×5％）になります。

定率制の特徴は、**入居率や家賃収入により管理料が変動する**点です。満室、高水準で稼働することができれば管理料にも反映されますが、空室が増え、賃料水準が下がれば、管理料も下がることになります。

定額制は入居率＆家賃収入で増減しない

定額制は、入居率や家賃収入の増減に関係なく、**毎月、定額の管理料を定める形態**です。

定額制で管理料を定める場合、満室時、入居率80％（空室率20％）程度を想定した家賃収入に、定率制と同様に一定の料率を乗じて算出した数値と委託する業務内容などを考慮して決定します。

＜具体例＞

満室時月額家賃収入が1,000,000円、入居率80％での月額家賃収入800,000円、料率5％の場合、次のように判断します。

（a）満室時の場合
　　　1,000,000円×5％＝50,000円
（b）入居率80％の場合
　　　1,000,000円×80％×5％＝40,000円

　　　管理料：40,000円～50,000円⇒業務内容などを考慮
　　　　　　⇒45,000円に決定

定額制の場合、入退去に伴い家賃水準の変動が予測されるため、**一定期間ごと（2年程度）に委託する業務内容及び管理料を見直す**ことが必要です。

管理料の相場ってどのくらいなんですか？ アパートを相続することになって、すごく気になります。

管理形態や物件の内容によっても違うけど、**5%程度が管理料を考える上での基準**にはなりますね。委託する業務内容とのバランスが大切ですよ。

　では、家主として最も関心の高い管理料の相場はどの程度でしょうか。
　管理料は、委託業務内容や物件の内容（築年数、戸数など）、地域によっても異なりますが、**家賃収入×約5%程度**が1つの基準になります。
　もちろん、築浅物件と築年数が経過しトラブル対応が多い物件とでは業務の負担も違いますし、同じ5%でも管理会社によって業務範囲や内容が異なります。
　業務時間外や緊急時の対応には、別途費用を設定している管理会社もあります。
　大切なのは、委託業務内容とのバランスです。管理会社と十分に話し合い、概ね**3%〜7%程度**の範囲で管理形態に応じた管理料を決定するとよいでしょう。

7-03 管理形態別の特徴を学ぼう

どの管理形態がいいのか迷います。管理料にも影響しますし。

管理形態ごとの特徴をしっかり捉えて自分に合ったスタイルを考えてみましょう。

■「全部委託管理」は管理会社の見極めが最重要
⇒管理料〔目安〕：月額家賃収入×5％〜7％

先の一覧のほぼ全ての項目で「全て管理会社に委託する」に該当する人は、**全部委託管理**となります。

物件や入居者の管理、空室時の入居者募集など**全ての業務を管理会社に一任**する方法です。

全部委託管理の場合、賃貸経営に時間をとられることはほとんどないため、本業、家事や育児、プライベートに専念できます。

家主として必要になる作業は、**管理会社からの報告を受け、回答すること**です。

例えば、入居者からの設備不良に対する苦情や相談に対する報告や修繕見積りの提案、退去に伴うリフォームの見積り提案や新規募集条件、入居申込みに対する報告を受け、返答するといった感じです。

全部委託管理においては、**管理会社との信頼関係が非常に重要**です。トラブル時の入居者対応、空室時の入居者募集、修繕工事の手配など、**総合的に判断して合格点を付けられる管理会社に依頼する**ことが必要です。

例えば、入居者からの苦情対応が遅かったり、適正な募集条件の提案もなく空室が長期化したり、施工項目に応じた依頼業者を使い分ける努力もせず、取引業者に丸投げしたりといったことが繰り返されるようでは、間違い

なく賃貸経営に悪影響が及びます。

　管理会社を決める場合、1社だけでなく、複数社と管理業務の内容や管理料などの話し合いを行い、契約条件とともに、管理業務に対する企業の姿勢や担当者の印象などを比較検討することが必要です。

❖POINT❖　管理会社に対する確認事項

❶ 管理業務内容＆営業時間（入居者対応時間）
❷ 管理料（定率制・定額制）と支払方法
❸ 営業時間外・緊急時対応の方法と費用の有無
❹ 管理担当者の1人当たり担当物件数
❺ 取引業者（工務店、内容業者など）
❻ 入居者募集方法

私も最初は地元の業者に全部委託してましたが、途中から色々と不満が出てきました。

全部委託は管理会社の見極めが特に重要！　管理料だけでなく顧客対応にも影響しますからね。

■3年を目途に「一部委託管理」への移行を検討しよう
⇒管理料〔目安〕：月額家賃収入×3％〜5％

　一部委託管理とは、管理業務の中でも基幹業務となる家賃集金業務や入居者対応（苦情・相談、退去立会い）、入居者募集などは管理会社に委託しますが、**その他の業務を家主自らが対応する管理形態**です。

　「家主自ら対応する」というとハードルが高く感じるかも知れませんが、家主として、自ら対応できる作業を少しずつ増やしていけばいいのです。

　例えば、入居者から「エアコンの調子が悪い」と連絡を受けたら、普段利用する商店街の電気屋さんにお願いするとか、共用部の清掃にシルバー人材センターを利用したりといった感じです。

　自分自身で作業する場合はもちろん、自分で考えて適切な業者手配を行うことが大切です。

一部委託管理の場合、家主によって管理会社に委託する業務の範囲や内容は異なりますが、**「管理会社に全て丸投げ」状態から脱して「自分で考え行動する」姿勢を持つこと**が、不動産投資、賃貸経営には重要なのです。

　設備不良時の業者手配や空室時のリフォーム業者の相見積もり取得など、自分で考え行動することで、入居者に求められる条件や改善すべき点などが、自然と理解できるようになります。

　また、何も考えずに、管理会社の手配する業者に丸投げする場合よりも、より良質で安価なサービスを享受できるようになり、**不動産投資の利益率も必ずアップ**します。これが賃貸経営の醍醐味の1つです。

　最初は、全部委託管理からスタートして、賃貸経営の全体像や改善すべき内容が分かり始めたら、少しずつ自分でできることを実践し、**3年を目途に一部管理委託への移行を検討する**と良いでしょう。

❖POINT❖　一部委託管理への移行ポイント
❶ 共用部や室内の設備不良 ⇒ 電気屋さん、設備業者を探し手配する
❷ 空室の改修工事 ⇒ 内装業者や工務店を探し、相見積もりを取得する
❸ 共用部や各部屋の鍵交換 ⇒ 鍵業者を探して手配する
❹ 共用部の清掃（日常＆定期清掃）⇒ 清掃業者、シルバー人材センターの活用
❺ 定期点検＆清掃（消防用設備、貯水槽、排水管）⇒ 専門業者を探し手配する

管理会社に任せることと自分でできることを整理すればいいのですね。

その通り！家主として自分で考え行動する姿勢を持つことで、**入居者や市場のニーズが掴めるよう**になりますよ。

■ 専業大家を目指すなら自主管理もアリ
⇒管理料〔目安〕：月額家賃収入×0%　※実費負担のみ

　自主管理とは、文字通り、**管理業務を管理会社に委託せず、全て家主自らが行う**管理形態です。

自主管理を考えるのであれば、**メリットとデメリットを充分に理解しておく**ことが大切です。

特にデメリットに関しては、家探しをする人や物件を紹介する不動産業者の自主管理に対するイメージでもあります。

デメリットをしっかりと理解し解消することで、より一層、自主管理の強みを活かすことが可能です。

賃貸経営1年目から自主管理ではハードルが高すぎるため、経験に応じて、一部委託管理から自分でできることを少しずつ増やし、自主管理にシフトすると良いでしょう。

賃貸経営は、専門知識や経営ノウハウが必要とされる事業であるため、自主管理への移行後も、適宜、アドバイスやサポートを受けられるアドバイザー的存在が近くにいると心強いと思います。

❖POINT❖ 自主管理のメリット＆デメリット

メリット
- 管理会社に支払う管理料を削減でき、利益率を上げることができる。
- リフォーム業者を使い分けることで、良質で安価な改装が実現できる。
- 専門業者（設備点検業者、清掃業者など）を、より好条件で依頼できる。
- 管理会社との関係性に縛られず、複数の賃貸業者に募集依頼が可能。
- 入居者の苦情・相談に対応することで改善点や市場のニーズが掴める。

デメリット
- プロの管理会社と比較して、管理の質が低下する可能性がある。
- 入居者からの苦情や相談に対する対応が遅れる可能性がある。
- 家主との直接的な関係に抵抗感を感じる入居者がいる。
- 入居者管理、財務管理など煩雑な業務が多い。
- 時間的な制約があり、本業や家事との両立が難しい。

■マッチングサイトで家主自ら入居者募集も可能！

入居者募集というと「宅建業の免許が必要なのでは」「不動産業者でないと無理じゃないの」と感じる人が多いのではないでしょうか。

まず、宅地建物取引業の免許が必要になるのは、宅地や建物の売買や賃貸の代理や媒介です。つまり、**家主自らが入居者を募集したり、賃貸業を営む上では宅建業の免許は必要ありません。**

では、専門知識やノウハウがない家主でも、入居者募集を行うことが可能なのでしょうか。

答えはYESです。

確かに努力は必要ですが、少しずつ経験値を上げていけば、普通にできるようになります。実際、自主管理を手掛ける専業大家の中には、入居者募集や契約手続きを自ら行う強者もたくさんいます。

では、具体的にどのように入居者募集を行っているのでしょうか。

一番にお勧めなのは、**ウチコミ**、**エコーズ**、**ジモティー**といった、家主と入居希望者を直接つなぐ**マッチングサイト**を利用することです。

物件の概要や間取り図面などを資料化した**マイソク**を作成しておけば簡単に募集情報を登録できます。

例えば、ウチコミの場合、掲載料は無料で掲載数にも上限がありません。問い合わせのあったお客様の内見や契約手続きは、**エージェント**（ウチコミに登録している不動産業者）が対応してくれます。

成約となった場合、エージェントに支払う報酬（家賃の１月分）が必要になりますが、入居希望者にとっても仲介手数料が無料で利用できるという大きなメリットがあります。

ただ、マッチングサイトなどの利用者は、年々増加傾向にあるものの、デジタル苦手世代や不動産業者に任せる方が安心だと考える客層が存在するのも事実です。

全ての空室募集を自ら行うことに固執せず、物件ごとに不動産業者に依頼するものと上手く使い分けるのが理想的です。

特に、競合物件が多い地域では、集客や客付けが得意な地元の不動産業者の力を借りる方が絶対に有利です。何事も大切なのはバランスです。

不動産業者に頼まなくても、家主自ら入居者募集できるんですね。

そう！　プロの不動産業者に依頼する物件と使い分けするのが理想的ですよ。

7-04 上手な不動産業者の選び方

　管理形態を決定したら、次は、**入居者を募集し斡旋する不動産業者を選ぶ**ことになります。

　全部委託管理で入居者募集、不動産業者への情報配信など全てを管理会社に委託する場合は、直接、行動することはありません。

　しかし、管理会社がどのように情報配信し入居者募集を行っているのか、どのような不動産業者に客付けを依頼しているのかを把握する上でも、ぜひ、理解しておいてほしい知識をまとめました。

　また、将来的に、全部委託管理から一部委託管理や自主管理へと移行する可能性も視野に、**賃貸市場全体の流れを把握しておくことは重要**です。

募集情報が部屋探しをしている人の**手元に届くまでの流れを把握する**ことが、すごく大切ですよ。

確かに、ネットとか同じ物件が複数の不動産業者から掲載されてるのが不思議に感じてました。

■空室情報はこんな流れで顧客に届く

　家主が管理会社や不動産業者に入居者募集を依頼する場合、どのような流れで部屋探しをするお客様に情報が届くのでしょうか。

　まず、管理会社が管理のみで入居者の斡旋を行わない場合、**登録会員のみが利用可能な不動産流通機構（レインズ）**やウェブサイトなどを通じ、不動産業者に対し空室情報を公開します。

　次に、管理会社自らも入居者の斡旋を行う場合、不動産業者に対する情報公開とともに、**SUMMO**、**HOME'S**、**athome**など一般消費者向けサイトに情報公開し、入居希望者を集います。

　家主から直接、募集依頼を受けた不動産業者の場合も、同様の流れで情報

公開します。
　ただし、賃貸業界の特徴として、自社の成約率を上げるため、レインズなどによる**他社への情報公開や情報共有を行わない業者が多い**のが実情です。
　したがって、依頼した管理会社や不動産業者が集客力や営業力のある会社であれば良いのですが、情報が市場に行き渡らず、入居付けが停滞してしまう可能性もあります。
　家主としては、募集依頼した情報がネットなどで広く公開されているか、随時、チェックすることが必要です。

> ⓐ **全部委託管理**
> 家主⇒管理会社⇒不動産業者⇒入居希望者
> 家主⇒管理会社⇒入居希望者

> ⓑ **一部委託管理＆自主管理**
> 家主⇒不動産業者⇒入居希望者
> 家主⇒（マッチングサイト）⇒入居希望者

■不動産業者の専門分野を確認する

　不動産業者選びの最初のポイントは、専門分野を確認することです。
　不動産業者は「**お家の何でも屋さん**」的存在ですが、得意とする業務や取り扱い不動産は様々です。売買や賃貸の仲介が強い業者もあれば、不動産の買取り・再販専門業者もあります。
　例えば、賃貸の入居者募集を行うのに、売買仲介や買取りの専門業者に依頼しても成果は期待できません。
　賃貸でも、主に居住用物件を取り扱う業者と事業用（店舗・事務所）物件を得意とする業者があります。
　特に事業用の場合、特定の業種に特化した専門業者があります。
　例えば、飲食店などの居抜き物件を得意とする業者や、主に法人のお客様向けに大型物流倉庫や工場を積極的に取り扱う業者もあります。
　まずは、自分が所有する物件、入居者募集を行う物件の内容によって、不動産業者を絞り込むことが必要です。

リフォーム業者と同じように、不動産業者も専門分野が違うのですね。

オールマイティに対応できるのが理想だけど、住宅業界は規模が大きく、専門性も高いから、**それぞれ得意とするものが違う**んですよ。

■ 入居者募集は地元の不動産業者がダンゼン有利！

入居者募集は、**地元の不動産業者、特に賃貸物件を専門に扱う業者に依頼するのが絶対有利**です。

売買の場合、お客様の希望条件に応じて広範囲で物件を探したり、遠方の不動産の売却を依頼されたりすることも珍しくありません。

組織的なネットワーク力に優れる大手不動産会社や地域を知り尽くした地元の不動産業者など、目的に応じて依頼する不動産業者を選択することが可能です。

しかし、**賃貸仲介の場合、地域性や家賃相場、空室情報などを常に把握している地元の不動産業者が最も強く**、部屋探しをするお客様も希望地域や希望沿線にある不動産業者に依頼するケースがほとんどです。

また、賃貸の営業社員は、一日平均5～6件、繁忙期となると十数件もの案件を対応しています。

紹介のお客様など特別なケースでなければ、時間をかけて営業エリア外の案件を取り扱うことはありません。

売買と比較し手数料、報酬額も少額であるため、いかに業務を効率化し成約件数を伸ばすかが、賃貸事業者の課題とも言えるのです。

ただし、商店街の店舗など、古くから特定の不動産業者が地域を牛耳っていて、他の不動産業者が新規参入できない特殊なケースもあるため注意が必要です。

入居者募集を任せるなら、地域性や家賃相場、空室情報を知り尽くした**地元の不動産業者が有利**です！

■不動産業者選びは"お部屋探し"のイメージで！

不動産業者の集客力や営業力はどのように見極めればよいのでしょうか。

企業の体質や営業社員1人ひとりの姿勢や営業力が判断できればよいのですが、実際に何度か取引してみないと見極めは困難です。

また、賃貸専門の業者の場合、スタッフ4〜5名程度の店舗が多く、店長や営業社員次第で店舗の雰囲気や体質は大きく異なります。

不動産業者の選び方のヒントとして、自分が実際に部屋探しをする時のことを想像してみて、何を基準に問合せをしてみようと思うかを考えてみることです。

❖POINT❖　お部屋探しで不動産業者のどこを見る？

❶ 不動産情報サイト、SNS、テレビCMなどでよく目にする
❷ SUUMO、HOME'S、athomeなど、賃貸情報サイトへの物件掲載数が多く、間取り図、紹介画像などが見やすい
❸ ホームページが明るく、女性スタッフや外国語が話せるスタッフがいる
❹ SNSのフォロワーが多く、ネットの書き込みで高評価レビューが多い
❺ ネットでの問合せや電話応対が親切丁寧。店内が明るく清潔感がある

いろいろと挙げましたが、ざっとこんな感じでしょうか。

電話応対や来店時の雰囲気以外は全てインターネットやSNSで触れる情報ばかりです。

つまり、お客様目線で考えると、来店予約や電話問合せをする前の段階で、安心して、気軽にお部屋探しが始められ、知りたい情報をたくさん提供してくれる賃貸業者へ自然と目がいくわけです。

また、女性の一人暮らしの方は女性スタッフが、外国籍の方は外国語が話せるスタッフが在籍していると安心です。

ここで1つ説明しておくと、**テレビCMやインターネットでよく目にする不動産業者の多くは、FC（フランチャイズ）方式で運営**している企業が多く、直営店以外はFC加盟店です。

店舗の看板、スタッフの制服、マイソク、契約書類など全て統一されたものを用いていますが、店舗ごとにそれぞれの特徴があります。

過去に部屋探しなどで関わったことのある店舗やスタッフの印象、評価に惑わされず、入居者募集を依頼しようと考える不動産業者をしっかりと見極めることが大切です。

確かに、たくさん物件情報を持っていて、CMとかでよく目にする会社だと問合せはしやすいですね。

もちろん、それが全てではないけど、**消費者目線で見た選びやすさ**は、家主としても重要なポイントになりますね。

■賃貸経営におけるセカンド・オピニオンの重要性

不動産投資、賃貸経営を長く続けていくには、**管理会社や不動産業者以外のセカンド・オピニオン**との関係を考えておくべきです。

もちろん、所有件数や投資規模にもよりますが、依頼している管理会社や不動産業者が適切な業務を行っているかを、適宜、専門家である第三者の立場から判断してもらうことが大切です。

また、管理会社は管理、不動産業者は入居者の斡旋が専門です。

改めて収益物件を購入する場合や資産の組み換えを検討する場合は、収益不動産を得意とする不動産業者や不動産コンサルタント、税務処理や節税対策には税理士などの**専門家のアドバイスが必須**です。

リフォーム業者も含め、不動産投資、賃貸契約を取り巻く、あらゆる関連業界の専門家との信頼関係を、時間をかけて構築するよう努めましょう。

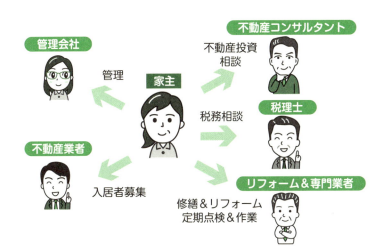

7-05 賃貸住宅管理業法の重要ポイントを学ぼう！

賃貸住宅管理業者が登録制になったの知ってますか？

そうなんですか？　全然知りませんでした。

■ 賃貸住宅管理業者には登録制度がある

　2021年6月に**賃貸住宅の管理業務等の適正化に関する法律（賃貸住宅管理業法）**が施行され、賃貸住宅管理業者が賃貸住宅管理業を営むためには、**国土交通省の登録**が必要となりました。

　登録の**有効期間は5年**で、登録義務は、**管理戸数200戸以上**の事業者であり、管理戸数**200戸未満の場合は登録は不要**です。

　ただし、管理戸数200戸未満の事業者も登録を受けることは可能であり、登録後は賃貸住宅管理業法の適用及び遵守義務を負うことになります。

◆POINT◆　国土交通省の登録義務
管理戸数200戸以上 ⇒ 登録が必要
管理戸数200戸未満 ⇒ 登録は不要　※登録を受けることは可能

　家主の立場としては、管理を委託しようと考えている管理会社の**管理戸数**と**国土交通省の登録の有無**を確認することが必要です。

　なお、賃貸住宅管理業者の登録情報に関しては、**国土交通省の検索システム**で確認することが可能です。

　国土交通省　賃貸住宅管理業者　検索
● https://etsuran2.mlit.go.jp/TAKKEN/chintaiKensaku.do

■ 賃貸住宅管理業者には業務管理者の選任義務がある

宅建業者のように**資格者の設置**は必要ですか？

いい質問ですね。営業所や事業所ごとに**業務管理者の選任が必要**です。

賃貸住宅管理業者は、営業所または事務所ごとに、**1人以上の業務管理者を選任**しなければなりません。

業務管理者とは、賃貸住宅管理業者の業務を管理および監督する立場の者であり、次の要件を満たすことが必要です。

❶ **2年以上の実務経験**があり、**賃貸不動産経営管理士**の試験に合格して**資格者登録**をしている者
❷ **2年以上の実務経験**を持つ**宅地建物取引士**で、**国土交通大臣が指定する講習を修了**している者

❖POINT❖ 業務管理者が管理・監督する職務

❶ 重要事項説明および説明のための書面交付
❷ 管理受託契約締結時の書面の交付
❸ 維持保全の実施
❹ 家賃、敷金など金銭管理
❺ 帳簿の備付け
❻ 定期報告
❼ 秘密の保持
❽ 入居者からの苦情の処理など

なるほど！　重要事項説明は業務管理者が行うのですか？

業務管理者や賃貸不動産経営管理士でなくても大丈夫です。

■契約締結前に重要事項説明が必要

賃貸住宅管理業者は、管理受託契約の締結前に、**書面を交付し重要事項説明を行う義務**があります。

また、契約更新時は、更新後の契約内容が従前の契約内容と異なる場合に重要事項説明が必要となります。

ただし、契約の相手方が、**賃貸住宅管理業者、特定転貸事業者（サブリース事業者）、宅地建物取引業者などの場合は、重要事項説明が不要**です。

不動産取引における重要事項説明は宅地建物取引士によることが必要ですが、**管理受託契約締結前の重要事項説明**は、業務管理者や賃貸不動産経営管理士が行うものと規定されていません。

重要事項説明では、管理業務の内容および実施方法、報酬額の支払い時期と支払い方法、契約期間と更新など、重要ポイントをしっかりと理解して契約締結するようにしましょう。

❖POINT❖ 重要事項説明の説明事項

❶ 管理受託契約を締結する賃貸住宅管理業者の商号等
❷ 管理業務の対象となる賃貸住宅
❸ 管理業務の内容及び実施方法・管理業務の一部の再委託に関する事項
❹ 賃貸住宅管理業者に支払う報酬の額、その支払時期及び方法
❺ 賃貸住宅管理業者が引き渡す敷金及び家賃等の時期及び方法
❻ 報酬に含まれていない管理業務に関する費用で、通常必要とするもの
❼ 財産の分別管理に関する事項
❽ 定期報告に関する事項
❾ 責任及び免責に関する事項
❿ 契約期間に関する事項
⓫ 入居者への対応に関する事項
⓬ 契約の更新又は解除に関する事項

管理会社や不動産業者選択のポイントは理解できましたか？

勉強になりました！　賃貸住宅管理業者登録も確認します！

Column 不要なオプションにご注意を！

賃貸業者が入居者斡旋の現場で提供している**オプション商品**をご存じですか？
具体的には、賃貸業者が借主に提供している、室内の抗菌、防虫、消臭作業や24時間サポートといった、**家主が契約条件としている項目以外の商品**です。
内容的にも、100均やホームセンターなら数百円程度で販売している防虫材を、営業マンが室内に散布する防虫作業に、数万円といった**不当に高額な費用を請求**したり、トラブル時にコールセンターで受電、対応は翌日以降という名ばかりの24時間サポートだったりと、**お粗末な商品**であることが少なくありません。
もちろん、賃貸業者が提供する全てのオプションがそうとは限らず、専門業者による作業、警備会社による緊急対応など、費用に見合うサービスが提供されている場合もあります。
しかし、不十分な説明のまま促された契約や費用に見合わない提供内容に対し、後日、苦情やトラブルになるケースがあるのも事実です。
最大の問題点は、借主が自らの意思でその必要性を感じ、契約しているわけではないという点です。賃貸と言えども、部屋探しは結構大変です。聞き慣れない専門用語や難しい書類が飛び交う中、選択肢や考える余裕すら与えられず、担当者に言われるがままに、書類に印鑑を押してしまっているというのが実情です。
また、オプション以外に注意すべき内容として、**賃貸業者による電気、ガスなどライフライン代行業者の紹介**です。内容的には、依頼を受けた代行業者が、借主に代わり電気、ガスなどの開栓手続きを行うというもの。基本的に無料の場合が多く、『楽でいい』と感じる人もいるかも知れませんが、なぜ無料なのかを考えてみてください。問合せしたこともないウォーターサーバーのレンタル業者や電話回線業者から、携帯に直接電話があって気付く人が多いようです。もちろん、これも全ての代行業者やサービス内容が問題というわけではありません。
しかし、大切なことは、**借主自身が必要性を考え判断する**こと。本当に消毒作業が必要であれば、信頼できそうな専門業者を探すことです。火災保険には、水や鍵のトラブルなど緊急対応可能な付帯サービスがあります。自由化の時代です。ライフラインは、より有利なプランを自分で考えるべきです。
そして、何より、賃貸業者に伝えたい。
お客様に"住まい""暮らし"を提供する宅建業者としての誇りを持とう！

INDEX

D
DCF法 127
DCR 38、63
DIY賃貸 100

F
FX 17

R
REIT 134

あ
空き家問題 98
アスベスト 187、243
アパートローン 70
雨仕舞 176
雨漏り 155

い
イールドギャップ 38、77
一部委託管理 273
一物四価の法則 109
一棟投資 103
違反建築物 158
インカムゲイン 39
印紙税 47

う
売渡証明書 234
運営時の費用 51

え
営業純利益 63

お
オーナーチェンジ 82、100、194、207
屋上防水工事 178

か
階段 167
買付証明書 233
界壁 169
解約予告 209
火災保険 34、199
火災保険料 49
課税所得 60
株式 18
元金均等返済 74
管理規約 189
元利均等返済 73
管理組合の質 86

管理形態 266
管理費 52、185
管理不全空き家 98
管理料 54、269

き
危険負担 252
既存不適格建築物 160
キャッシュフロー 38、46、55、61
キャップレート 126
キャピタルゲイン 39
給水ポンプ 173
境界越境 151
共用施設 170
金銭消費貸借契約 256
金融機関 71
金利上昇リスク 34

く
空室情報 277
空室リスク 31
空室率 95
区分ファミリー 96
区分マンション投資 90
区分ワンルーム 93
グロス利回り 41

け
経費 26
契約の解除 246
契約不適合責任 247、253
減価償却費 57
原価法 116
検査済証 154、159
検査費用 53
原状回復義務 213
建築確認済証 159
建築基準法上の道路 146
現地調査 136
建蔽率 162

こ
公示価格 109
更新料 209
構造クラック 177
購入時の費用 46
購入申込み 232
工務店 263
戸建て投資 98
固定金利 72

固定資産税 51
固定資産税評価額 112
固定資産税路線価 110

さ
災害リスク 33
債券 18
債務回収比率 38、63
採光不良 165
再調達価格 118
サブリース 106

し
時価 114
自主管理 274
地震保険 34、50
施設賠償責任保険 50
実質利回り 38、43
実勢価格 113
私道 148
指標 38
自分計画書 36
車庫転 163
社宅代行サービス 204
収益還元法 125
修繕積立金 52、185
修繕費 54、101
住民税 60
重要事項説明 238、284
重要事項調査報告書 184
浄化槽 174
使用細則 189
消防用設備 171
植栽管理 192
諸経費 29
所得税 60
所有権移転登記 48
所有権保存登記 48
シロアリ被害 155
新築物件 84
新築プレミアム 84
信用棄損 28
信用取引 17

せ
税負担 29
積算価格 116
セキュリティシステム 182
節税効果 26

接道義務……………………145
セットバック………………148
全部委託管理………………272

そ
相続税路線価………………110
相続登記義務化……………99

た
大規模修繕工事……………185
耐震基準……………………160
耐震診断……………188、244
滞納リスク…………………32
滞納歴………………………197
宅地建物取引士……238、283
建物電気的・機械的な事故特約……50
建物老朽化リスク…………35
短期譲渡所得………………68

ち
仲介手数料………………46、230
中古物件……………………84
長期譲渡所得………………68
帳簿上の利益………………56
直接還元法…………………126
貯水槽………………………172
賃貸管理……………………26
賃貸経営……………………266
賃貸借契約…………………206
賃貸住宅管理業法…………282
賃貸不動産経営管理士……283

て
抵当権設定登記……………48
出口戦略……………………78
手付解除……………………250
デットクロス………………65
転貸…………………………106

と
登記手続き…………………257
登記簿謄本…………………137
登録免許税…………………48
道路後退……………………148
道路付け……………………145
特定空き家…………………98
都市計画税…………………51
取引条件……………………245
取引事例比較法……………120

に
入居者情報…………………194
入居者募集………277、279

ね
ネット利回り………………43

は
媒介契約書…………………260
売却方法……………………79
売買契約……………………249
売買代金……………………245
ハザードマップ……33、243
旗竿地………………………147

ひ
ビークル……………………134
比準価格……………………120
表面利回り………………38、41

ふ
ファミリータイプ…………90
負担区分……………………213
物件価値毀損リスク………33
物件調査……………………136
物件引渡し…………………257
不動産………………………16
不動産業者選び……………280
不動産取得税………………48
不動産情報ライブラリ……121
不動産所得…………………26
不動産投資セミナー………31
不動産投資とは……………16
不動産投資の魅力…………20
不動産評価…………………108
不動産評価法………………115
フリーレント………………210
古家再生投資………………87
不労所得……………………20
プロパーローン……………70

へ
返済比率…………………38、75
返済方法……………………73
変動金利……………………73

ほ
報酬の上限額………………47
法人契約……………………201
法定耐用年数………………58

法定点検……………………53
法務局調査…………………137
補正…………………………114
補正率………………………116

ま
マッチングサイト…………276

み
未接道地……………………147

や
役所調査……………………144
家賃収入特約………………50
家賃保証会社………………197
家主費用特約………………50

ゆ
融資……………69、233、255
融資利用特約……247、252

よ
容積率………………………162
用途地域……………………241
擁壁…………………………152
預貯金………………………18

り
リスク……………………17、30
リスクヘッジ………………23
リターン……………………17
リフォーム…………………259
リフォーム業者……………262
利回り………………………41
流動性………………………27

れ
レインズ……………121、277
レバレッジ効果……………24
連帯保証人………195、203
レントロール………………221

ろ
廊下幅員……………………166
ローン返済元本……………65

わ
ワンルームタイプ…………90

287

7日でマスター 不動産投資がおもしろいくらいわかる本

2025年 3月20日 第1刷発行

著 者	池田浩一
装 丁	植竹裕
発行人	柳澤淳一
編集人	久保田賢二
発行所	株式会社 ソーテック社
	〒102-0072 東京都千代田区飯田橋4-9-5 スギタビル4F
	電話 (注文専用) 03-3262-5320 FAX03-3262-5326
印刷所	TOPPANクロレ株式会社

©2025 Koichi Ikeda
Printed in Japan
ISBN978-4-8007-2137-2

本書の一部または全部について個人で使用する以外著作権上、株式会社ソーテック社および著作権者の承諾を得ずに無断で複写・複製することは禁じられています。
本書に対する質問は電話では受け付けておりません。
内容の誤り、内容についての質問がございましたら切手・返信用封筒を同封のうえ、弊社までご送付ください。
乱丁・落丁本はお取り替え致します。

本書のご感想・ご意見・ご指摘は
http://www.sotechsha.co.jp/dokusha/
にて受け付けております。Webサイトでは質問は一切受け付けておりません。